财经类专业课程改革"十四五"规划教材

U0754114

基础会计习题集（第二版）

主　编○胡桂青　李　菁　周晓燕
副主编○纪稚苗　罗　容　李佳颖

立信会计出版社
LIXIN ACCOUNTING PUBLISHING HOUSE

图书在版编目(CIP)数据

基础会计习题集 / 胡桂青,李菁,周晓燕主编.
2版. -- 上海:立信会计出版社,2025.5. -- ISBN
978-7-5429-7942-1

Ⅰ. F230-44

中国国家版本馆 CIP 数据核字第 2025PA0054 号

策划编辑　　王斯龙
责任编辑　　王斯龙
美术编辑　　吴博闻

基础会计习题集(第二版)
JICHU KUAIJI XITIJI

出版发行	立信会计出版社

地　　址	上海市中山西路 2230 号	邮政编码	200235
电　　话	(021)64411389	传　　真	(021)64411325
网　　址	www.lixinaph.com	电子邮箱	lixinaph2019@126.com
网上书店	http://lixin.jd.com		http://lxkjcbs.tmall.com
经　　销	各地新华书店		

印　　刷	上海华业装潢印刷有限公司
开　　本	787 毫米×1092 毫米　　1/16
印　　张	9.5
字　　数	202 千字
版　　次	2025 年 5 月第 2 版
印　　次	2025 年 5 月第 1 次
书　　号	ISBN 978-7-5429-7942-1/F
定　　价	30.00 元

第二版前言

　　"基础会计"课程是经管类专业的公共必修课,也是会计类专业的一门专业核心基础课程。本书是《基础会计》(第二版)教材的配套习题集。本书根据应用型、技术技能型院校人才的培养要求,以职业需求为导向、以实践能力培养为重点,按照专业设置与产业需求对接、课程内容与职业标准对接、教学过程与生产过程对接的要求,力求做到创新课程体系、教学内容和教学方法,兼顾知识教育、技能教育和能力教育。本书具有以下特色。

　　1. 紧跟财税政策

　　本书是依据现行的《企业会计准则》和税收政策编写的,重视会计政策和税收政策的时效性。

　　2. 梳理思维导图

　　本书将主教材的内容进行简单梳理,制作了清晰简明的思维导图,有利于读者复习回顾主教材的知识内容。

　　3. 融合理论实务

　　每个项目模拟训练的题型不仅有单项选择题、多项选择题、判断题,还有体现会计实务的业务题。读者不仅可以通过本书巩固理论知识,还可以初步了解会计实务操作。

　　本书由胡桂青、李菁、周晓燕担任主编,由纪稚苗、罗容、李佳颖担任副主编。本书编写分工如下:周晓燕编写项目一、项目二,李菁编写项目三、项目四,胡桂青编写项目五、项目六,纪稚苗编写项目七,李佳颖编写项目八,罗容编写项目九、项目十。胡桂青对全书大纲进行确定,并统筹编写工作。

　　虽然我们对本书的编写做了很多的努力,但由于水平有限,本书难免有错漏或不妥之处,请广大读者不吝指正,以便后续修订完善。

编　者

2025 年 5 月

目　　录

项目一 总 论

思维导图

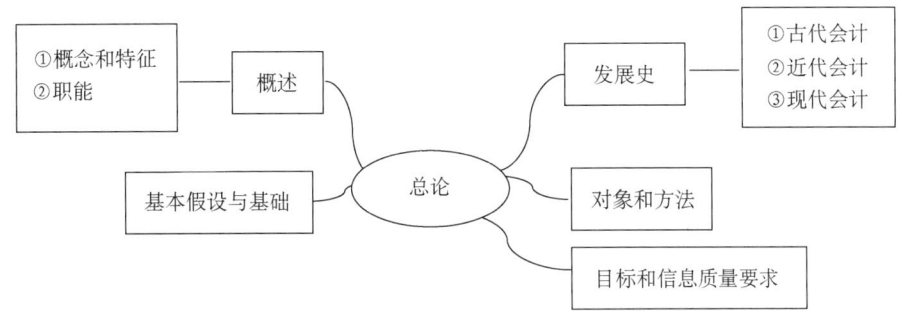

模拟训练

一、单项选择题

1. 会计的基本职能包括( )。

   A. 会计控制与会计决策　　　　B. 会计预测与会计控制

   C. 会计核算与会计监督　　　　D. 会计计划与会计决策

2. 以货币为主要计量单位,通过确认、计量、报告等环节,对特定主体的经济活动进行记账、算账、报账,为各有关方面提供会计信息的功能是( )。

   A. 会计核算职能　　　　　　　B. 会计监督职能

   C. 会计计划职能　　　　　　　D. 会计预测职能

3. 企业固定资产可以按照其价值和使用情况,确定采用某一折旧方法计提折旧,它所依据的会计基本假设是( )。

   A. 会计主体　　　　　　　　　B. 持续经营

   C. 会计分期　　　　　　　　　D. 货币计量

4. 我国实行公历制会计年度是基于( )的会计基本假设。

   A. 会计主体　　　B. 货币计量　　　C. 会计分期　　　D. 持续经营

5. 目前我国的行政单位会计采用的会计基础主要是( )。

   A. 权责发生制　　　　　　　　B. 应收应付制

    C. 收付实现制   D. 统收统支制

6. 下列关于会计基本特征的表述中,正确的是(　　)。

    A. 会计以货币作为计量单位,不能使用实物计量和劳动计量

    B. 会计拥有一系列的专门方法,包括会计核算、管理和决策分析等

    C. 会计具有会计核算和监督的基本职能

    D. 会计的本质是核算活动

7. 下列关于会计对象的说法中,不正确的是(　　)。

    A. 会计对象是指会计所要核算与监督的内容

    B. 特定主体能够以货币表现的经济活动,都是会计核算和监督的内容

    C. 企业日常进行的所有活动都是会计对象

    D. 会计对象就是社会再生产过程中的资金运动

8. 在我国,会计期间分为年度、半年度、季度和月度,它们均按(　　)确定。

    A. 公历起讫日期   B. 农历起讫日期

    C. 7月制起讫日期   D. 4月制起讫日期

9. 下列经济业务事项中,既属于财物的收发、增减和使用,又属于收入、支出、费用和成本的计算的是(　　)。

    A. 期末所得税的计算   B. 支付职工工资和奖金

    C. 生产车间和管理部门领用材料   D. 购买原材料,款项尚未支付

10. 会计人员在进行会计核算的同时,对特定主体经济活动的合法性、合理性进行审查称为(　　)。

    A. 会计控制职能   B. 会计核算职能

    C. 会计监督职能   D. 会计分析职能

11. 下列有关会计的说法中,不正确的是(　　)。

    A. 会计是一种经济管理活动

    B. 会计以货币为唯一计量单位

    C. 会计的主要职能是核算与监督

    D. 会计的对象是特定主体能以货币表现的经济活动

12. 企业将融资租入的固定资产视同自有固定资产核算,这体现了(　　)的会计信息质量要求。

    A. 重要性   B. 客观性

    C. 实质重于形式   D. 相关性

13. 下列有关会计主体的表述中,不正确的是(　　)。

    A. 会计主体是指会计所核算和监督的特定单位和组织

    B. 会计主体就是法律主体

    C. 由若干具有法人资格的企业组成的企业集团也是会计主体

    D. 会计主体界定了从事会计工作和提供会计信息的空间范围

二、多项选择题

1. 下列关于会计监督的说法中,正确的有(　　)。

   A. 会计监督只是对特定主体的经济活动的真实性、合法性进行审查

   B. 会计监督主要通过价值指标来进行

   C. 会计监督包括事前监督和事中监督,不包括事后监督

   D. 会计监督是会计核算质量的保障

2. 下列项目中,可以作为一个会计主体进行核算的有(　　)。

   A. 母公司　　　　　　　　　　　B. 分公司

   C. 母公司和子公司组成的企业集团　　D. 销售部门

3. 会计核算的环节包括(　　)。

   A. 确认　　　　　　B. 计量　　　　　　C. 记录　　　　　　D. 报告

4. 会计分期这一基本前提的主要意义在于(　　)。

   A. 会计分期可使会计原则建立在非清算基础之上

   B. 会计分期为分期结算账目奠定理论与实务基础

   C. 会计分期界定了提供会计信息的时间范围和空间范围

   D. 会计分期为编制财务会计报告及使用相关会计原则确立了理论和实务基础

5. 根据权责发生制原则,下列收入和费用应计入本期的有(　　)。

   A. 前期提供劳务未收款,本期收款　　B. 本期销售商品一批,尚未收款

   C. 本期耗用的水电费,尚未支付　　　D. 预付下一年的报刊费

6. 下列各项中,属于会计核算方法的有(　　)。

   A. 登记会计账簿　　　　　　　　B. 填制和审核会计凭证

   C. 成本计算　　　　　　　　　　D. 财产清查

7. 经济活动中,可以使用的计量单位有(　　)。

   A. 劳动计量单位　　　　　　　　B. 实物计量单位

   C. 货币计量单位　　　　　　　　D. 技术计量单位

8. 下列各项中,属于企业会计目标的有(　　)。

   A. 反映企业管理层受托责任的履行情况

   B. 向报告使用者提供有用的信息

   C. 进行会计核算,实施会计监督

   D. 进行财产物资的收发、增减和使用

9. 会计方法是反映和监督会计对象,完成会计凭证的手段,是从事会计工作所使用的各种技术方法,一般包括(　　)。

   A. 会计核算方法　　　　　　　　B. 会计分析方法

   C. 会计检查方法　　　　　　　　D. 会计评价方法

10. 下列各项中,属于会计职能的有(　　)。

    A. 预测经济前景　　　　　　　　B. 参与经济决策

C. 评价经营业绩　　　　　　　　D. 实施会计监督

11. 下列关于事中监督的描述中,正确的有(　　　)。

A. 事中监督是指在日常会计工作中,对正在发生的问题提出建议,促使有关部门和人员采取改进措施

B. 事中监督是对经济活动的日常监督和管理

C. 事中监督是指以事先制定的目标,利用会计核算提供的资料,对已发生的经济活动进行的考核和评价

D. 事中监督是对未来经济活动的指导

12. 下列各项中,属于会计核算具体内容的有(　　　)。

A. 款项和有价证券的收付、资本的增减

B. 财物的收发、增减和使用

C. 债权债务的发生和结算,财务成果的计算和处理

D. 收入、支出、费用、成本的计算

13. 下列项目中,属于财务成果的计算和处理内容的有(　　　)。

A. 利润分配　　　　　　　　　　B. 利润的计算

C. 亏损弥补　　　　　　　　　　D. 所得税费用的计算

14. 下列各项中,属于会计基本假设的有(　　　)。

A. 会计主体　　　　　　　　　　B. 持续经营

C. 会计分期　　　　　　　　　　D. 货币计量

三、判断题

1. 财务成果具体表现为盈利或亏损。　　　　　　　　　　　　　　　(　　)

2. 款项是指作为支付手段的货币资金;有价证券是指表示一定财产拥有权或支配权的证券。款项和有价证券是企业流动性最差的资产。　　　　　　　(　　)

3. 会计主体基本假设为会计核算确定了空间范围,会计分期基本假设为会计核算确定了时间范围。　　　　　　　　　　　　　　　　　　　　　　(　　)

4. 银行汇票、银行本票和信用证存款都属于有价证券。　　　　　　　(　　)

5. 政府会计由预算会计和财务会计构成。　　　　　　　　　　　　　(　　)

6. 企业必须根据实际发生的经济业务事项进行会计核算,编制财务会计报告。

(　　)

7. 会计中期是指短于一个完整的会计年度的报告期间,一般指半年度。　(　　)

8. 由于有了持续经营这个会计核算的基本前提,才产生了本期与非本期的区别,从而出现了权责发生制与收付实现制。　　　　　　　　　　　　　　　(　　)

9. 会计的基本职能是会计核算和会计监督,会计监督是首要职能。　　(　　)

10. 会计的监督职能是指会计人员在进行会计核算之前,对特定会计主体经济活动的合法性、合理性、完整性等进行审查。　　　　　　　　　　　　　　(　　)

11. 企业会计的对象就是企业的资金运动。 （　　）

12. 权责发生制主要是从空间上规定会计确认的基础。 （　　）

13. 我国事业单位采用收付实现制核算。 （　　）

14. 按照权责发生制原则的要求，凡是本期实际收到款项的收入和付出款项的费用，不论是否归属于本期，都应当作为本期的收入和费用处理。 （　　）

四、业务题

某公司 2025 年 5 月份的有关经济业务如下：

（1）支付全年财产保险费 24 000 元。

（2）销售产品一批，货款 200 000 元，当月已收回 80 000 元，其余货款尚未收回。

（3）收到 4 月份的销货款 70 000 元，存入银行。

（4）收到甲公司预付的货款 150 000 元，存入银行。

（5）预付厂房半年租金 90 000 元。

（6）支付 5 月份的水电费 2 000 元。

（7）计提 5 月份应负担的短期借款利息 1 000 元。

要求：根据上述业务，编制收付实现制和权责发生制下收入和费用的确认表（表 1-1）。

表 1-1　　　　　收付实现制和权责发生制下收入和费用的确认表　　　　单位：元

序号	收付实现制		权责发生制	
	收入	费用	收入	费用
1				
2				
3				
4				
5				
6				
7				
合计				

项目二　会计要素与会计等式

思维导图

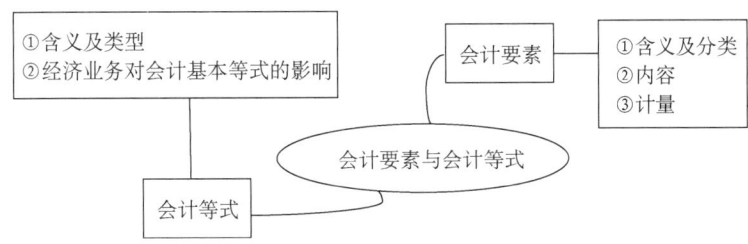

模拟训练

一、单项选择题

1. 下列各项中,不属于反映企业财务状况的会计要素是(　　)。

   A. 资产　　　　　　B. 负债　　　　　　C. 所有者权益　　　　D. 利润

2. 下列关于所有者权益的说法中,不正确的是(　　)。

   A. 所有者权益包括实收资本(或股本)、资本公积、盈余公积和未分配利润等

   B. 所有者权益的金额等于资产减去负债后的余额

   C. 盈余公积和未分配利润统称为留存收益

   D. 所有者权益包括实收资本(或股本)、资本公积、盈余公积和留存收益等

3. 下列等式中,不正确的是(　　)。

   A. 资产＝负债＋所有者权益＝权益

   B. 期末资产＝期末负债＋期初所有者权益

   C. 期末资产＝期末负债＋期初所有者权益＋本期增加的所有者权益－本期减少的
      所有者权益

   D. 债权人权益＋所有者权益＝负债＋所有者权益

4. 下列各项中,属于会计基本等式的是(　　)。

   A. 资产＝负债＋所有者权益

   B. 资产＝负债＋所有者权益＋(收入－费用)

C. 资产＝负债＋所有者权益＋利润

D. 收入－费用＝利润

5. 下列关于收入的说法中,正确的是(　　　　)。

　　A. 收入是指企业销售商品、提供劳务及让渡资产使用权等活动中形成的经济利益的总流入

　　B. 所有者权益增加表明企业获得了收入

　　C. 狭义的收入包括营业外收入

　　D. 收入按照性质不同,分为销售商品收入、提供劳务收入和让渡资产使用权收入

6. 下列各项中,属于流动负债的是(　　　　)。

　　A. 预收账款　　　　B. 应收账款　　　　C. 应收票据　　　　D. 应付债券

7. 下列各项中,属于企业流动资产的是(　　　　)。

　　A. 预收账款　　　　B. 累计折旧　　　　C. 预付账款　　　　D. 无形资产

8. 投资人投入的资金和债权人投入的资金投入企业后,形成企业的(　　　　)。

　　A. 成本　　　　　　B. 费用　　　　　　C. 资产　　　　　　D. 负债

二、多项选择题

1. 下列各项中,属于资产特征的有(　　　　)。

　　A. 资产是由过去或现在的交易或事项所形成的

　　B. 资产是由企业拥有或控制的

　　C. 资产能够给企业带来未来经济利益

　　D. 资产一定具有具体的实物形态

2. 下列各项中,反映企业经营成果的会计要素有(　　　　)。

　　A. 利润　　　　　　B. 费用　　　　　　C. 收入　　　　　　D. 所有者权益

3. 根据会计等式可知,下列经济业务不会发生的有(　　　　)。

　　A. 资产增加,负债减少,所有者权益不变

　　B. 资产不变,负债增加,所有者权益增加

　　C. 资产有增有减,权益不变

　　D. 债权人权益增加,所有者权益减少,资产不变

4. 下列各项中,属于会计等式的有(　　　　)。

　　A. 本期借方发生额合计＝本期贷方发生额合计

　　B. 本期借方余额合计＝本期贷方余额合计

　　C. 资产＝负债＋所有者权益

　　D. 收入－费用＝利润

5. 取得收入后可能表现为(　　　　)。

　　A. 资产增加　　　　　　　　　　B. 负债减少

　　C. 所有者权益减少　　　　　　　D. 所有者权益增加

6. 可变现净值,是指在正常生产经营过程中,以预计售价减去(　　)后的净值。
　　A. 进一步加工成本　　　　　　　B. 预计销售所必需的税费
　　C. 销售所必需的费用　　　　　　D. 最终处置收入

7. 下列会计要素中,称为动态会计要素的有(　　)。
　　A. 资产　　　　　B. 负债　　　　　C. 收入　　　　　D. 费用

8. 下列费用中,能计入产品成本的有(　　)。
　　A. 财务费用　　　B. 制造费用　　　C. 管理费用　　　D. 直接人工费用

9. 下列各项中,反映资金运动静态表现的会计要素有(　　)。
　　A. 资产　　　　　B. 负债　　　　　C. 收入　　　　　D. 利润

10. 下列各项中,属于费用要素特点的有(　　)。
　　A. 费用是企业在日常活动中发生的经济利益的总流入
　　B. 费用的发生会导致所有者权益减少
　　C. 费用的发生与向所有者分配利润无关
　　D. 费用的发生会导致所有者权益增加

11. 下列等式中,正确的有(　　)。
　　A. 资产＝负债＋所有者权益
　　B. 资产＝负债＋所有者权益＋(收入－费用)
　　C. 资产＝负债＋所有者权益＋利润
　　D. 资产－负债＝所有者权益＋利润

三、判断题

1. 费用是企业发生的各项开支,以及在正常生产经营活动以外的支出和损失。　(　　)
2. 收入要素包括主营业务收入、其他业务收入及营业外收入等。　(　　)
3. 企业对会计要素采用重置成本、可变现净值、现值和公允价值计量的,应当保证所确定的会计要素金额能够取得并可靠计量。　(　　)
4. "收入－费用＝利润"反映的是资金运动的动态方面以及某一会计期间的经营成果,是编制利润表的依据。　(　　)
5. 利润包括收入减去费用后的净额、直接计入当期利润的利得和损失等。　(　　)
6. 会计上所称的"资产"仅指过去的交易或事项形成的、由企业拥有的、预期会给企业带来经济利益流入的资源。　(　　)
7. 按照我国的会计准则,负债不仅包括现时已经存在的债务责任,还包括某些将来可能发生的、由偶然事项形成的债务责任。　(　　)
8. 经济业务的发生,可能引起资产与权益总额发生变化,但是不会破坏会计基本等式的平衡。　(　　)
9. 企业只有拥有某项财产物资的所有权,才能将其确认为资产。　(　　)
10. 会计要素中既有反映财务状况的要素,又有反映经营成果的要素。　(　　)

四、业务题

甲公司 2025 年 6 月发生了如下经济业务:

(1) 从银行提取现金 100 000 元。

(2) 向银行借入为期 3 个月的短期借款 500 000 元存入银行。

(3) 收到 B 公司投入资金 1 000 000 元,款项已存入银行。

(4) 以银行存款偿还上月所欠乙公司材料款 50 000 元。

(5) 因缩小经营规模,经批准减少注册资本 500 000 元,并以银行存款发还给投资者。

(6) 向银行借入为期 3 个月的借款 100 000 元直接用于归还前欠的货款。

(7) 决定向投资者分配利润 200 000 元。

(8) 与债权人协商并经有关部门批准,将所欠 400 000 元债务转为资本。

(9) 将盈余公积 80 000 元转增资本。

要求:根据上述资料,判断各经济业务对会计等式的影响(表 2-1)。

表 2-1   **经济业务对会计等式的影响**   单位:元

会计等式	资产 =	负债 +	所有者权益
期初金额	3 000 000	1 500 000	1 500 000
经济业务引起的变动			
(1)			
(2)		+500 000	
(3)			
(4)			
(5)			
(6)			
(7)			
(8)			
(9)			
经济业务发生后			

项目三　账户与复式记账

◎ **思维导图**

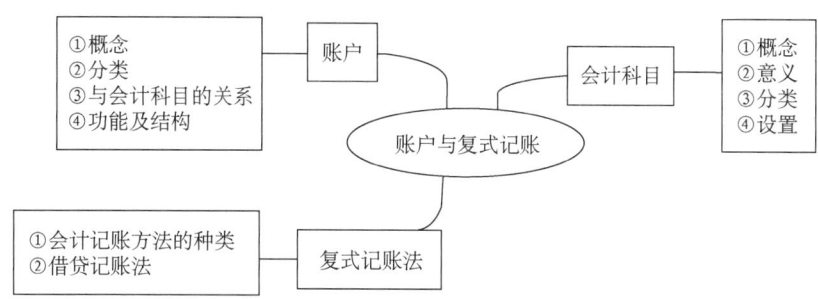

 **模拟训练**

一、单项选择题

1. 某企业设置了"原材料——燃料"明细科目,其中"燃料"属于(　　)。

   A. 总分类科目

   B. 一级明细科目

   C. 二级明细科目

   D. 三级明细科目

2. 下列会计科目中,不属于资产类的是(　　)。

   A. "应收账款"　　　B. "累计折旧"　　　C. "预收账款"　　　D. "预付账款"

3. 借贷记账法下的"借"表示(　　)。

   A. 费用增加

   B. 负债增加

   C. 所有者权益增加

   D. 收入增加

4. "应收账款"账户期初借方余额为 35 400 元,本期借方发生额为 26 300 元,本期贷方发生额为 17 900 元,该账户期末余额为(　　)。

   A. 借方 43 800 元

   B. 借方 27 000 元

   C. 贷方 43 800 元

   D. 贷方 27 000 元

5. 在借贷记账法下,"原材料"账户的余额(　　)。

   A. 既可能在借方也可能在贷方

   B. 只能在借方

   C. 肯定为零

   D. 只能在贷方

6. "预付账款"科目按其所归属的会计要素不同分类,应属于( )类科目。

A. 资产 　　　　B. 负债 　　　　C. 所有者权益 　　　　D. 成本

7. 下列各项中,既属于费用要素又属于损益类科目的是( )。

A. "劳务成本" 　　　　　　　　B. "制造费用"

C. "生产成本" 　　　　　　　　D. "销售费用"

8. 下列账户中,期末结转后无余额的账户是( )。

A. "实收资本" 　　　　　　　　B. "应付账款"

C. "固定资产" 　　　　　　　　D. "管理费用"

9. 符合资产类账户记账规则的是( )。

A. 增加额记借方 　　　　　　　B. 增加额记贷方

C. 减少额记借方 　　　　　　　D. 期末无余额

10. 年初资产总额为 100 万元,本期负债减少 5 万元,所有者权益增加 20 万元,则期末资产总额为( )万元。

A. 100 　　　　B. 120 　　　　C. 115 　　　　D. 125

11. 下列各项中,不属于总账科目的是( )。

A. "固定资产" 　　　　　　　　B. "应交税费"

C. "应交增值税" 　　　　　　　D. "预付账款"

12. 某账户的期初余额为 900 元,期末余额为 5 000 元,本期减少发生额为 600 元,则本期增加发生额为( )元。

A. 3 500 　　　　B. 300 　　　　C. 4 700 　　　　D. 5 300

13. 所设置的会计科目应符合单位自身特点,满足单位实际需要,这一点符合( )原则。

A. 实用性 　　　　B. 合法性 　　　　C. 谨慎性 　　　　D. 相关性

14. "其他业务成本"科目按其所归属的会计要素不同分类,应属于( )类科目。

A. 成本 　　　　B. 资产 　　　　C. 损益 　　　　D. 所有者权益

15. 下列科目中,与"制造费用"科目属于同一类科目的是( )。

A. "固定资产" 　　　　　　　　B. "其他业务成本"

C. "生产成本" 　　　　　　　　D. "主营业务成本"

16. 根据总分类科目设置的,用于对会计要素具体内容进行总括分类核算的账户称为( )。

A. 备查账 　　　　B. 总账 　　　　C. 综合账 　　　　D. 明细账

17. 下列关于试算平衡法的说法中,不正确的是( )。

A. 试算平衡法包括发生额试算平衡法和余额试算平衡法

B. 试算不平衡,表明账户记录肯定有错误

C. 试算平衡了,说明账户记录一定正确

D. 试算平衡法的理论依据是"有借必有贷、借贷必相等"

18. 对于所有者权益类账户而言,(　　)。

  A. 增加记借方　　　　　　　　　　B. 增加记贷方

  C. 减少记贷方　　　　　　　　　　D. 期末无余额

19. 下列关于单式记账法的说法中,不正确的是(　　)。

  A. 单式记账法是一种比较简单、不完整的记账方法

  B. 在单式记账法下,账户之间没有直接联系和相互平衡关系

  C. 单式记账法可以全面、系统地反映各项会计要素的增减变动和经济业务的来龙去脉

  D. 单式记账法适用于业务简单或很单一的经济个体和家庭

20. 资产类账户的期末余额一般在(　　)。

  A. 借方　　　　　B. 借方或贷方　　　　　C. 贷方　　　　　D. 借方和贷方

二、多项选择题

1. 下列各项中,属于负债类科目的有(　　)。

  A. "应付票据"　　　　　　　　　　B. "应交税费"

  C. "材料成本差异"　　　　　　　　D. "其他应付款"

2. 下列关于总分类科目与明细分类科目的表述中,正确的有(　　)。

  A. 明细分类科目概括地反映会计对象的具体内容

  B. 总分类科目详细地反映会计对象的具体内容

  C. 总分类科目对明细分类科目具有控制作用

  D. 明细分类科目是对总分类科目的补充和说明

3. 下列表示试算平衡关系的公式中,正确的有(　　)。

  A. 全部账户本期借方发生额合计=全部账户本期贷方发生额合计

  B. 全部账户本期借方余额合计=全部账户本期贷方余额合计

  C. 负债类账户借方发生额合计=负债类账户贷方发生额合计

  D. 资产类账户借方发生额合计=资产类账户贷方发生额合计

4. 在借贷记账法下,可以在账户借方登记的有(　　)。

  A. 资产的增加　　　　　　　　　　B. 负债的增加

  C. 收入的增加　　　　　　　　　　D. 所有者权益的减少

5. 与单式记账法相比,复式记账法的优点有(　　)。

  A. 复式记账法有一套完整的账户体系

  B. 复式记账法可以清楚地反映经济业务的来龙去脉

  C. 复式记账法可以对记录的结果进行试算平衡,以检查账户记录是否正确

  D. 复式记账法的记账手续简单

6. 下列关于明细分类科目的表述中,正确的有(　　)。

  A. 明细分类科目能提供更加详细、具体的会计信息

B. 除国家统一会计制度规定设置的以外,各单位可以根据实际需要自行设置明细分类科目

C. 明细分类科目也称一级会计科目

D. 明细分类科目是对总分类科目作进一步分类的科目

7. 下列账户的四个金额要素中,属于本期发生额的有(   )。

A. 本期减少金额   B. 期末余额

C. 期初余额   D. 本期增加金额

8. 下列关于会计分录格式的说法中,正确的有(   )。

A. 先借后贷

B. 贷方的文字和数字要比借方后退两格书写

C. 在一借多贷和多借多贷的情况下,借方或贷方的文字要对齐

D. 在一借多贷和多借多贷的情况下,借方或贷方的数字要对齐

9. 下列账户中期末余额在贷方的有(   )。

A. "预收账款"   B. "应收账款"   C. "应付账款"   D. "累计摊销"

10. 下列各项中,应记入贷方的有(   )。

A. 资产的增加额   B. 负债的增加额

C. 所有者权益的增加额   D. 费用的增加额

11. 下列等式中,错误的有(   )。

A. 期末余额＝本期增加发生额＋期初余额－本期减少发生额

B. 期初余额＝本期增加发生额＋期末余额－本期减少发生额

C. 期初余额＝本期增加发生额＋期末余额＋本期减少发生额

D. 期初余额＝本期减少发生额＋期末余额－本期增加发生额

12. 下列关于账户的表述中,正确的有(   )。

A. 账户具有一定格式和结构

B. 账户是根据会计要素开设的

C. 一级账户以下的账户均为明细账户

D. 设置账户是会计核算的重要方法之一

13. 下列各项中,属于账户内容的有(   )。

A. 账户名称   B. 凭证字号   C. 摘要和日期   D. 金额

14. 下列有关明细分类科目的表述中,正确的有(   )。

A. 明细分类科目也称一级会计科目

B. 明细分类科目反映各种经济业务的详细情况

C. 明细分类科目是对会计要素具体内容进行总括分类的科目

D. 明细分类科目是能提供更加详细、更加具体会计信息的科目

15. 下列会计科目中,属于成本类科目的有(   )。

A. "生产成本"   B. "主营业务成本"

  C. "制造费用"   D. "销售费用"

16. 下列关于账户结构的说法中,正确的有( )。

  A. 资产类账户增加记贷方,减少记借方

  B. 负债类账户增加记贷方,减少记借方

  C. 收入类账户增加记贷方,减少记借方

  D. 费用类账户增加记贷方,减少记借方

17. 会计分录的内容包括( )。

  A. 经济业务内容摘要   B. 账户名称

  C. 经济业务发生额   D. 应借应贷方向

18. 下列不会影响借贷双方平衡关系的情形有( )。

  A. 漏记某项经济业务   B. 重记某项经济业务

  C. 记错方向,把借方记入贷方   D. 借贷错误金额,正好相互抵销

三、判断题

1. 在不违反国家统一会计制度的前提下,企业可以根据内部管理的需要自行制定明细分类科目。   (   )

2. 总分类科目对明细分类科目起着补充说明和统驭控制的作用。   (   )

3. 发生额试算平衡是运用资产与权益的恒等关系,检验本期发生额记录是否正确的方法。   (   )

4. 运用单式记账法记录经济业务,可以反映每项经济业务的来龙去脉,也可以检查每笔业务是否合理、合法。   (   )

5. 资产、负债与所有者权益的平衡关系是企业资金运动处于相对静止状态下出现的,如果考虑收入、费用等动态要素,则资产与权益总额的平衡关系必然被破坏。

                   (   )

6. 设置会计科目的相关性原则是指所设置的会计科目应当符合国家统一的会计制度的规定。   (   )

7. 账户基本结构的内容仅包括增减金额及余额。   (   )

8. 试算结果平衡,说明账户记录是绝对正确的。   (   )

9. 复式记账法是指对于发生的每一项经济业务都要以相等的金额同时在相互联系的两个账户中进行登记的一种记账方法。   (   )

10. 期间费用类账户在期末结转入"本年利润"账户后应无余额。 (   )

11. 账户中,上期的期末余额转入本期作为本期的期初余额。 (   )

12. 总分类科目与其所属的明细分类科目的核算内容相同,所不同的是前者提供的信息比后者更加详细。   (   )

13. 二级科目(子目)不属于明细分类科目。   (   )

14. 成本类科目包括"制造费用""生产成本""主营业务成本"等科目。 (   )

15. 编制试算平衡表时,也应该包括只有期初余额而没有本期发生额的账户。 (   )

16. 记账时,将借贷方向记错,不会影响借贷双方的平衡关系。 (   )

四、业务题

某公司期末试算平衡表,如表 3-1 所示。

表 3-1 　　　　　　　　　　　　试算平衡表 　　　　　　　　　单位:元

账户名称	期初余额		本期发生额		期末余额	
	借　方	贷　方	借　方	贷　方	借　方	贷　方
预收账款		15 000	6 000	9 000		(1) _____
预付账款	25 000		10 000	(2) _____	5 000	
应付账款		(3) _____	14 000	12 000		40 000
应收账款	70 000		40 000	(4) _____	80 000	
应收账款——甲公司	10 000		10 000	15 000	(5) _____	
应收账款——乙公司	60 000		30 000	15 000	75 000	

要求:根据上述资料,将试算平衡表(表 3-1)补充完整。

项目四　主要经济业务的账务处理

思维导图

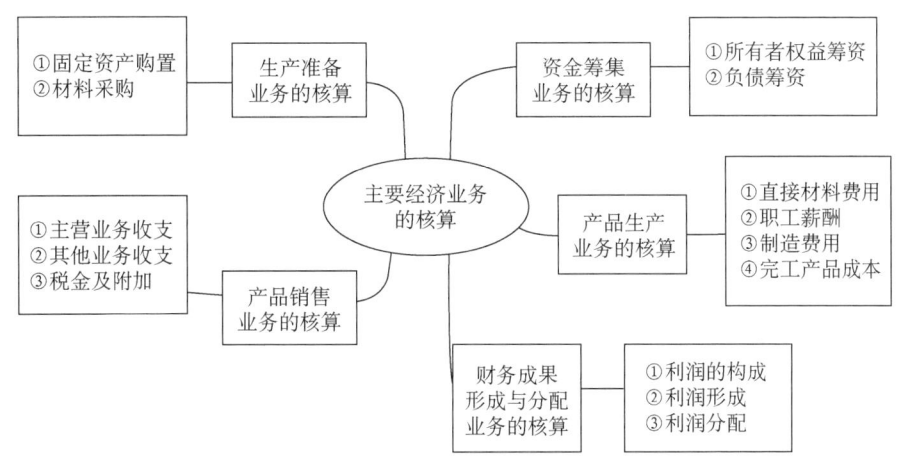

模拟训练

一、单项选择题

1. 在计划成本法下,已经付款购买但尚未入库的材料,应通过(　　)账户核算。

   A. "原材料"　　　　　　　　　　B. "材料采购"

   C. "工程物资"　　　　　　　　　D. "在途物资"

2. 有一笔分录:借方登记"生产成本"账户,贷方登记"制造费用"账户。则该分录涉及的经济业务是(　　)。

   A. 车间发生生产性质的共同耗费

   B. 生产耗用工程用材料

   C. 月末分配本期发生的制造费用

   D. 发生车间管理人员的薪酬

3. "本年利润"账户属于(　　)类账户。

   A. 费用　　　　　　　　　　　　B. 损益

   C. 资产　　　　　　　　　　　　D. 所有者权益

4. 下列账户中,期末结转后可能有余额的是( )。

    A."本年利润"   B."管理费用"

    C."财务费用"   D."生产成本"

5. 下列各项中,应当计入产品成本的是( )。

    A. 厂房的折旧费   B. 短期借款利息

    C. 产品宣传广告费   D. 生产设备的折旧费

6. 下列各项中,不应计入产品成本的是( )。

    A. 直接材料   B. 直接人工

    C. 制造费用   D. 管理费用

7. 外购需要安装的设备支付的增值税应记入( )账户。

    A."管理费用"

    B."固定资产"

    C."应交税费——应交增值税(进项税额)"

    D."在建工程"

8. 企业出售材料的成本应通过( )账户核算。

    A."营业外支出"   B."低值易耗品"

    C."其他业务成本"   D."主营业务成本"

9."生产成本"账户的期末余额表示( )。

    A. 应计入产品成本的各项费用   B. 完工产品成本

    C. 在产品成本   D. 库存产品成本

10. 外购设备的成本不应包括( )。

    A. 安装费   B. 运输费

    C. 增值税   D. 买价

11. 利润总额减去所得税费用等于( )。

    A. 应纳税所得额   B. 可供分配利润

    C. 未分配利润   D. 净利润

12. 下列关于"生产成本"账户的表述中,正确的是( )。

    A."生产成本"账户期末无余额

    B."生产成本"账户的余额表示本期发生的生产费用总额

    C."生产成本"账户期末若有余额一定在贷方

    D."生产成本"账户的余额表示在产品成本

13. 某企业税前会计利润为 2 000 万元,其中营业外收入 80 万元,假设不存在纳税调整事项,所得税税率为 25%,则应缴纳的所得税为( )万元。

    A. 480   B. 510   C. 500   D. 520

14. 企业出售无形资产时,所取得的价款与该无形资产账面价值的差额,应记入( )账户。

　　A. "营业外收入"　　　　　　　　　B. "其他业务收入"

　　C. "投资收益"　　　　　　　　　　D. "主营业务收入"

15. 企业本期发生的下列支出中,不能直接或间接计入生产成本,而是直接计入期间费用的是(　　)。

　　A. 业务招待费　　　　　　　　　　B. 生产车间水电费

　　C. 生产设备折旧费　　　　　　　　D. 车间管理人员工资

16. 制造费用是指企业制造部门为生产产品和提供劳务而发生的(　　)。

　　A. 期间费用　　　　　　　　　　　B. 直接费用

　　C. 管理费用　　　　　　　　　　　D. 间接费用

17. 下列说法中,正确的是(　　)。

　　A. 赊购商品会导致资产和负债同时减少

　　B. 车间管理人员工资能计入产品成本,企业管理人员的工资和在建工程人员的工资不能计入产品成本

　　C. 期间费用应当分期计入产品成本

　　D. 银行汇票和银行承兑汇票属于企业的其他货币资金

18. 企业接受固定资产投资,除了应记入"固定资产"账户和"实收资本"账户外,还可能涉及的账户是(　　)。

　　A. "盈余公积"　　　　　　　　　　B. "资本公积"

　　C. "累计折旧"　　　　　　　　　　D. "其他业务收入"

19. "预收账款"账户期末(　　)。

　　A. 无余额　　　　　　　　　　　　B. 有借方余额

　　C. 有借方余额或贷方余额　　　　　D. 有贷方余额

二、多项选择题

1. 下列项目中,属于"销售费用"账户核算内容的有(　　)。

　　A. 产品展览费　　　　　　　　　　B. 业务招待费

　　C. 预计产品质量保证损失　　　　　D. 销售部门人员工资

2. 下列各种税费中,不通过"税金及附加"账户核算的有(　　)。

　　A. 增值税　　　　　　　　　　　　B. 营业税

　　C. 企业所得税　　　　　　　　　　D. 教育费附加

3. 南京某塑料厂为购置生产线取得到期一次还本付息的长期借款,则企业在所购置的固定资产达到预定可使用状态之后发生的借款利息,应作的会计处理为(　　)。

　　A. 借记"财务费用"　　　　　　　　B. 借记"长期借款"

　　C. 贷记"长期借款"　　　　　　　　D. 贷记"长期费用"

4. 期末,(　　)账户余额不应转入"本年利润"账户。

　　A. "生产成本"　　　　　　　　　　B. "预付账款"

C. "资产减值损失"   D. "投资收益"

5. 下列费用中,不应记入"制造费用"账户的有(   )。

    A. 行政管理人员的工资

    B. 车间机器/物料消耗

    C. 车间设备折旧费

    D. 车间生产人员福利费

6. 下列关于企业缴纳所得税的说法中,不正确的有(   )。

    A. 应纳所得税额应该直接记入"本年利润"账户的借方

    B. 应纳税所得额就是税前会计利润

    C. "所得税费用"账户期末无余额

    D. 应纳所得税额＝应纳税所得额×所得税税率

7. 下列各项中,属于无形资产的有(   )。

    A. 土地使用权   B. 商标权

    C. 专利权   D. 房屋

8. 下列关于生产费用归集与分配的说法中,不正确的有(   )。

    A. "生产成本"账户归集的生产费用就是本期在产品的生产成本

    B. 期初在产品成本＋本期完工产品成本＝本期生产费用＋期末在产品成本

    C. "生产成本"账户归集的生产费用就是本期完工产品的生产成本

    D. 期末既有完工产品又有在产品时,需要将归集到某产品的生产费用在完工产品
       和在产品间进行分配

9. 下列各项费用中,应计入管理费用的有(   )。

    A. 广告费用   B. 董事会费

    C. 行政部门办公费   D. 银行借款利息支出

10. 一般纳税企业购入生产用固定资产(取得增值税专用发票)过程发生的下列支出中,
    应计入固定资产成本的有(   )。

    A. 增值税   B. 运杂费

    C. 安装费   D. 购买价款

11. "利润分配——未分配利润"账户借方登记的内容包括(   )。

    A. 累计未分配的利润   B. 全年分配的利润数额

    C. 转入的亏损数额   D. 转入的全年实现的利润数额

12. 领用材料的会计分录通常涉及的借方账户有(   )。

    A. "生产成本"   B. "管理费用"

    C. "财务费用"   D. "制造费用"

13. 下列各项中,不应计入产品生产成本的有(   )。

    A. 财务费用   B. 销售费用

    C. 制造费用   D. 管理费用

三、判断题

1. 企业分配的股票股利不通过"应付股利"账户核算。   （   ）

2. 企业的资本主要包括实收资本和资本公积。   （   ）

3. 收入是指企业在日常活动中形成的、会导致所有者权益增加的经济利益的总流入。

                                                                        （   ）

4. "资产减值损失"账户是资产类账户的调整账户。   （   ）

5. 为简化核算,对那些发票账单未到的入库材料,月末暂不进行会计处理。 （   ）

6. 当月增加的固定资产,当月计提折旧。   （   ）

7. 在实际工作中,企业发出存货的成本也可以采用后进先出法计算。   （   ）

8. 直接人工是指直接或间接从事产品生产人员的工资及提取的其他职工薪酬。

                                                                        （   ）

9. 企业生产车间(部门)和行政管理部门等发生的固定资产修理费用等后续支出,应在发生时计入管理费用。   （   ）

10. 企业因解除与职工的劳动关系给予的补偿,不通过"应付职工薪酬"核算。 （   ）

11. 企业购入需要安装的固定资产应先记入"在建工程"账户,安装完工后再转入"固定资产"账户。   （   ）

12. 企业发生的销售退回应该记入"主营业务收入"账户的借方。   （   ）

13. "其他业务收入"账户期末结转后无余额。   （   ）

14. "本年利润"账户属于损益类账户,期末结转后应无余额。   （   ）

15. 专利权、非专利技术、商标权、商誉权等都属于企业的无形资产。   （   ）

16. "主营业务成本"账户属于成本类账户。   （   ）

17. 当"应付账款"账户的余额在贷方时,为债务结算账户;余额在借方时,为债权结算账户。   （   ）

18. "利润分配"账户属于所有者权益类账户,期末分配后应无余额。   （   ）

19. 企业列入工资表发放给职工个人的各种款项,都应通过"应付职工薪酬"账户核算。

                                                                        （   ）

20. 小规模纳税人购货时发生的增值税应计入购货成本。   （   ）

四、业务题

根据某公司的下列经济业务,编制会计分录。

（一）实收资本的核算

（1）收到甲公司投入资本 80 000 元,存入银行。（假设无资本公积）

(2) 收到乙公司投入一台不需要安装的机器设备,根据合同约定,该机器设备价值1 000 000 元,增值税进项税额 130 000 元。(假设增值税不允许抵扣,且无资本公积)

(3) 收到丙公司投入一项非专利技术,根据合同约定,该非专利技术价值60 000 元。(假设无资本公积)

(二)借入款项的核算
(1) 向银行借入一笔生产经营用短期借款,共计 150 000 元,期限为 9 个月。

(2) 针对前项借款按月计提利息,年利率为 6%。

(3) 以银行存款实际支付前项利息。

（4）因新建流水线，向银行借入为期 3 年的借款 500 000 元，所借款项已存入银行。

（三）材料采购的核算

（1）购入 A 材料 500 吨，单价 1 000 元，增值税专用发票上注明货款 500 000 元，增值税税额 65 000 元，全部款项已用银行存款付讫，材料已验收入库。

（2）购入 B 材料 20 吨，单价 1 500 元，发票及账单已收到，增值税专用发票上注明货款 30 000 元，增值税税额 3 900 元，材料尚未到达。

（3）前项购入的 B 材料已收到，并验收入库。

（4）从戊公司购入 A 材料 5 吨，单价 1 000 元，增值税专用发票上注明货款 5 000 元，增值税税额 650 元，款项尚未支付，材料已验收入库。

（5）支付上述从戊公司购入的 A 材料采购款项 5 650 元。

（6）开出一张面值为 50 850 元的不带息商业汇票,用以采购一批 B 材料,增值税专用发票上注明材料价款 45 000 元,增值税税率 13％,增值税税额 5 850 元,材料已验收入库。

（7）为购买 A 材料,以银行存款向巳公司预付货款的 60％,共计 60 000 元。

（8）收到巳公司发运来的 A 材料,增值税专用发票上注明货款 100 000 元,增值税税额 13 000 元,冲抵预付款 60 000 元后,其余款项以银行存款付讫。

（四）购建固定资产的核算

（1）购入一台不需要安装即可投入使用的设备,取得的增值税专用发票上注明设备价款 20 000 元,增值税税额 2 600 元;另支付包装费并取得增值税专用发票,注明包装费 500 元,增值税税额 30 元,款项均以银行存款支付。

（2）用银行存款购入一台需要安装的设备，增值税专用发票上注明设备买价 300 000 元，增值税税额 39 000 元。设备由安装公司安装，安装费已支付，取得的增值税专用发票上注明安装费 30 000 元，增值税税额 2 700 元。以上款项均以银行存款付讫。

（3）前项设备安装完成达到预定可使用状态。

（五）产品生产的核算

（1）汇总本月领用 A、B 两种材料共计 544 400 元。其中：生产Ⅰ型产品领用 A 材料 150 000 元，B 材料 120 000 元；生产Ⅱ型产品领用 A 材料 120 000 元，B 材料 140 000 元；车间管理部门领用 A 材料 6 500 元，B 材料 6 000 元；企业管理部门领用 A 材料 1 000 元，B 材料 900 元。

（2）分配结转本月工资 62 500 元。其中，车间生产人员 45 000 元，车间管理人员 6 500 元，行政管理人员 11 000 元。

（3）用银行存款支付前项工资。

（4）计提本月固定资产折旧。其中,车间固定资产计提折旧 98 000 元,行政管理部门计提固定资产折旧 19 000 元。

（5）本月共发生制造费用 126 000 元。根据工时分配法,Ⅰ型产品应分配制造费用 75 600 元,Ⅱ型产品应分配金额 50 400 元。

（6）本月,Ⅰ型产品发生直接材料 430 000 元,直接人工 23 000 元,制造费用 75 600 元;Ⅱ型产品发生直接材料 490 000 元,直接人工 22 000 元,制造费用 50 400 元。

（六）产品销售的核算

（1）向 B 商贸公司销售Ⅰ型产品 900 000 元,增值税税额 117 000 元,提货单和增值税专用发票已交给买方,款项尚未收到。

（2）收到 B 商贸公司寄来的一张 3 个月期限的商业承兑汇票,面值为 1 017 000 元,偿还前欠货款。

（3）前项票据到期,收回金额 1 017 000 元,存入银行。

（4）收到甲商场预付Ⅱ型产品货款 300 000 元,存入银行。

（5）向甲商场销售前项Ⅱ型产品,货款 700 000 元,增值税税额 91 000 元,提货单和增值税专用发票已交给买方。

（6）收到甲商场补付前项货款 491 000 元。

(7) 请广告公司设计产品宣传视频,取得的增值税专用发票上注明的款项 4 000 元,增值税税额 240 元,以银行存款支付。

(8) 根据产品出库单结转本月已销产品的成本 1 020 700 元。其中,I 型产品 528 600 元,II 型产品 492 100 元。

(9) 销售一批原材料,开出的增值税专用发票上注明售价 20 000 元,增值税税额 2 600 元,款项已由银行收妥。

(10) 结转已销原材料的实际成本 9 000 元。

(七) 财务成果的核算
(1) 以银行存款支付银行手续费 500 元。假定不考虑增值税因素。

（2）将无法支付的应付账款 5 000 元转作营业外收入。

（3）以银行存款支付税款滞纳金 2 000 元。

（4）有关损益类账户的全年累计发生额分别为：主营业务收入 1 600 000 元(贷方)；其他业务收入 20 000 元(贷方)；营业外收入 5 000 元(贷方)；主营业务成本 1 020 700 元(借方)；其他业务成本 9 000 元(借方)；税金及附加 7 751 元(借方)；销售费用 5 000 元(借方)；管理费用 35 800 元(借方)；财务费用 800 元(借方)；营业外支出 2 000 元(借方)。

（5）计算本年应交所得税，并确认所得税费用 135 987.25 元。

（6）结转所得税费用 135 987.25 元。

（7）将"本年利润"账户年末余额 407 961.75 元转入"利润分配——未分配利润"明细账户。

（8）经股东大会批准,提取法定盈余公积 40 796.18 元和任意盈余公积 20 398.09 元。

（9）经股东大会批准,向投资者分配现金股利 81 592.35 元。

（10）将"利润分配——法定盈余公积""利润分配——任意盈余公积""利润分配——应付利润"等明细账户的年末余额转入"利润分配——未分配利润"明细账户。

项目五 会 计 凭 证

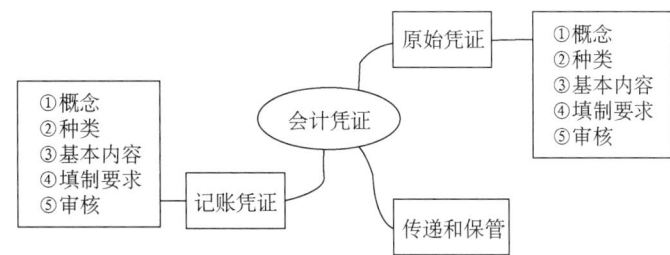

思维导图

模拟训练

一、单项选择题

1. 登记账簿的直接依据是(　　)。

A. 记账凭证　　　　　　　　　B. 原始凭证

C. 经济业务　　　　　　　　　D. 会计报表

2. 下列会计凭证中,只需反映价值量的是(　　)。

A. 限额领料单　　　　　　　　B. 实存账存对比表

C. 材料入库单　　　　　　　　D. 工资分配汇总表

3. 已经登记入账的记账凭证,在当年内发现有误,可以用红字填写一张与原内容相同的记账凭证,在摘要栏注明(　　),以冲销原错误的记账凭证。

A. 注销某月某日某号凭证　　　B. 订正某月某日某号凭证

C. 对方单位　　　　　　　　　D. 经济业务内容

4. 各种原始凭证,除由经办业务的有关部门审核以外,最后都要由(　　)进行审核。

A. 财政部门　　　　　　　　　B. 会计部门

C. 总经理　　　　　　　　　　D. 董事会

5. 除了结账和更正错误以外,填制记账凭证的依据只能是(　　)。

A. 审核无误的原始凭证　　　　B. 原始凭证

C. 会计账簿　　　　　　　　　D. 会计报表

6. 华达公司于 2024 年 10 月 12 日开出一张现金支票,对于支票日期正确的填写方法是(　　)。

　　A. 贰零贰肆年拾月壹拾贰日

　　B. 贰零贰肆年壹拾月拾贰日

　　C. 贰零贰肆年零壹拾月壹拾贰日

　　D. 贰零贰肆年零拾月壹拾贰日

7. 下列各项中,不属于原始凭证审核内容的是(　　)。

　　A. 会计科目的使用是否正确

　　B. 凭证是否符合规定的审核程序

　　C. 凭证是否有填制单位的公章和填制人员签章

　　D. 凭证是否符合有关计划和预算

8. 某企业根据一张发料凭证汇总表编制记账凭证,由于涉及项目较多,需填制两张记账凭证,则记账凭证编号为(　　)。

　　A. 收字第××1/2 号和收字第××2/2 号

　　B. 收字第×× 号

　　C. 转字第×× 号

　　D. 转字第××1/2 号和转字第××2/2 号

9. 记账凭证的填制是由(　　)完成的。

　　A. 主管人员　　　　　　　　　　B. 出纳人员

　　C. 会计人员　　　　　　　　　　D. 经办人员

10. 限额领料单属于(　　)。

　　A. 通用凭证　　　　　　　　　　B. 累计凭证

　　C. 一次凭证　　　　　　　　　　D. 汇总凭证

11. 企业出售产品一批,售价 5 000 元,收到一张转账支票送存银行。这笔业务应编制的记账凭证为(　　)。

　　A. 转账凭证　　　　　　　　　　B. 付款凭证

　　C. 收款凭证　　　　　　　　　　D. 以上均可

12. 在一定时期内连续记录若干项同类经济业务的会计凭证是(　　)。

　　A. 记账凭证　　　　　　　　　　B. 一次凭证

　　C. 原始凭证　　　　　　　　　　D. 累计凭证

13. 下列关于付款凭证科目借贷的对应方式,正确的是(　　)。

　　A. 多借一贷　　　　　　　　　　B. 多贷一借

　　C. 多借多贷　　　　　　　　　　D. 以上全部正确

14. 仓库保管人员填制的收料单,属于企业的(　　)。

　　A. 汇总原始凭证　　　　　　　　B. 累计原始凭证

　　C. 外来原始凭证　　　　　　　　D. 自制原始凭证

15. 4 月 15 日,行政管理人员王明将标明日期为 3 月 26 日的发票拿来报销,经审核后会计人员依据该发票编制记账凭证,则记账凭证的日期应为(   )。

    A. 3 月 26 日   B. 4 月 1 日

    C. 3 月 31 日   D. 4 月 15 日

16. 下列做法中,符合《会计基础工作规范》规定的是(   )。

    A. 外来原始凭证金额错误,可在原始凭证上更正但需签名或盖章

    B. 自制原始凭证无须经办人签名或盖章

    C. 凡是账簿记录金额错误,都可以采用划线更正法予以更正

    D. 销售商品 1 000.84 元,销货发票大写金额为"壹仟元零捌角肆分"

17. 职工张某出差归来,报销差旅费 200 元,交回多余现金 100 元,应编制的记账凭证是(   )。

    A. 转账凭证   B. 收款凭证

    C. 收款凭证和转账凭证   D. 收款凭证和付款凭证

18. 一项经济业务所涉及的每个会计科目单独填制一张记账凭证,每一张记账凭证中只登记一个会计科目,这种凭证称为(   )。

    A. 一次凭证   B. 单式记账凭证

    C. 通用记账凭证   D. 专用记账凭证

19. 会计机构和会计人员对不真实、不合法的原始凭证,应当(   )。

    A. 不予接受   B. 予以退回

    C. 不予接受,并向单位负责人报告   D. 予以纠正

20. 银行结算凭证按填制的手续及内容分类,属于原始凭证中的(   )。

    A. 一次凭证   B. 累计凭证

    C. 专用凭证   D. 汇总凭证

21. 出纳人员在办理收款或付款后,应在(   )上加盖"收讫"或"付讫"的戳记,以避免重收重付。

    A. 收款凭证   B. 付款凭证

    C. 原始凭证   D. 记账凭证

22. 对于一些经常重复发生的经济业务,可以根据同类原始凭证编制(   )。

    A. 原始凭证汇总表   B. 发料汇总表

    C. 收料汇总表   D. 记账凭证

23. 在填制会计凭证时,1 518.53 元的大写金额数字为(   )。

    A. 壹仟伍佰拾捌元五角叁分

    B. 壹仟伍佰拾捌元伍角叁分整

    C. 壹仟伍佰壹拾捌元伍角叁分

    D. 壹仟伍佰壹拾捌元伍角叁分整

24. 下列各项中,不属于记账凭证基本要素的是(   )。

A. 应计会计科目、方向及金额

B. 交易或事项的内容摘要

C. 凭证附件

D. 交易或事项的数量、单位和金额

25. 某会计人员在审核记账凭证时,发现误将 1 000 元写成 100 元,尚未入账,一般应采用(   )改正。

A. 冲账法

B. 补充登记法

C. 红字更正法

D. 重新编制记账凭证

26. 下列记账凭证中,可以不附原始凭证的是(   )。

A. 所有付款凭证

B. 所有收款凭证

C. 所有转账凭证

D. 用于结账的记账凭证

二、多项选择题

1. 下列说法中,正确的有(   )。

A. 对于已预先印有编号的原始凭证在写错时,不需进行任何处理,但不得撕毁

B. 外来原始凭证遗失时,只需取得原签发单位盖有公章的证明,可代作原始凭证

C. 从个人取得的原始凭证,必须有填制人员的签名或盖章

D. 会计凭证具有监督经济活动、控制经济运行的作用

2. 涉及现金与银行存款之间的划款业务时,可以编制的记账凭证有(   )。

A. 银行存款付款凭证

B. 现金收款凭证

C. 银行存款收款凭证

D. 现金付款凭证

3. 收款凭证和付款凭证是用来记录货币资金收付业务的凭证,它们包括(   )。

A. 出纳员收付款项的依据

B. 根据库存现金和银行存款收付业务的原始凭证填制的

C. 登记明细账和总账等有关账簿的依据

D. 登记库存现金日记账、银行存款日记账的依据

4. 下列关于原始凭证填制的说法中,正确的有(   )。

A. 自制原始凭证必须有经办部门负责人或其指定人员的签名或盖章

B. 购买实物的原始凭证,必须有验收证明

C. 不得以虚假的交易或事项为依据填制原始凭证

D. 原始凭证应在交易或事项发生或完成后及时填制

5. 记账凭证的填制依据,包括(   )。

A. 不同内容和类别的原始凭证

B. 原始凭证汇总表

C. 每一张原始凭证

D. 若干张同类原始凭证

6. 制造费用分配表属于(   )。

A. 累计凭证

B. 外来原始凭证

C. 自制原始凭证　　　　　　　　　D. 一次凭证

7. 下列各单据中,经审核无误后可以作为编制记账凭证依据的有(　　)。
　　A. 填制完毕的工资计算单　　　　B. 银行转来的对账单
　　C. 运费发票　　　　　　　　　　D. 银行转来的进账单

8. 下列项目中,属于原始凭证和记账凭证共同具备的基本内容的有(　　)。
　　A. 凭证的名称及编号　　　　　　B. 填制凭证的日期
　　C. 填制及接受单位的名称　　　　D. 有关人员的签章

9. 记账凭证的填制除必须做到记录真实、内容完整、填制及时、书写清楚外,还必须符合(　　)要求。
　　A. 必须连续编号
　　B. 如有空行,应当在空行处画线注销
　　C. 发生错误应该按规定的方法更正
　　D. 除另有规定外,应该有附件并注明附件张数

10. 在填制记账凭证时,下列做法错误的有(　　)。
　　A. 用于更正错账的记账凭证可以不附原始凭证
　　B. 一个月内的记账凭证连续编号
　　C. 将不同类型业务的原始凭证合并编制一张记账凭证
　　D. 从银行提取库存现金时只填制库存现金收款凭证

11. 下列关于会计凭证的表述中,正确的有(　　)。
　　A. 会计凭证是登记账簿的依据
　　B. 会计凭证是明确经济责任的书面文件
　　C. 会计凭证是记录经济业务的书面证明
　　D. 会计凭证是编制报表的依据

12. 下列项目中,属于会计凭证的有(　　)。
　　A. 领用材料时填制的领料单　　　B. 供货单位开具的发票
　　C. 付款凭证　　　　　　　　　　D. 财务部门编制的开支计划

13. 收款凭证的借方科目可能有(　　)。
　　A. "库存现金"　　　　　　　　　B. "应收账款"
　　C. "银行存款"　　　　　　　　　D. "应付账款"

14. 按照规定,除(　　)的记账凭证可以不附原始凭证外,其他记账凭证必须附有原始凭证。
　　A. 更正错账　　　　　　　　　　B. 提取现金
　　C. 现金存入银行　　　　　　　　D. 结账

15. 下列凭证中,属于汇总原始凭证的有(　　)。
　　A. 工资汇总表　　　　　　　　　B. 限额领料单
　　C. 汇总付款凭证　　　　　　　　D. 收料凭证汇总表

16. 原始凭证的审核内容包括(　　)等方面。

　　A. 正确性、及时性　　　　　　　B. 真实性

　　C. 完整性　　　　　　　　　　　D. 合法性、合理性

17. 下列原始凭证中,属于单位自制原始凭证的有(　　)。

　　A. 购料收到的增值税专用发票　　B. 收料单

　　C. 领料单　　　　　　　　　　　D. 限额领料单

18. 下列各项中,属于单式记账凭证特点的有(　　)。

　　A. 便于汇总计算每一科目的发生额

　　B. 把经济业务所涉及的每一个会计科目分别填列在几张凭证上

　　C. 根据单式记账法编制的记账凭证

　　D. 每一个会计科目填列一张记账凭证

19. 会计凭证传递的组织工作主要包括(　　)。

　　A. 规定会计凭证在各个环节的停留时间

　　B. 规定会计凭证的传递路线

　　C. 规定保管期限及销毁制度

　　D. 制定会计凭证传递过程中的交接签收制度

20. 下列人员中,应在记账凭证上签名或盖章的有(　　)。

　　A. 记账人员　　　　　　　　　　B. 审核人员

　　C. 制单人员　　　　　　　　　　D. 会计主管人员

三、判断题

1. 如果原始凭证已预先印定编号,在写错作废时,应加盖"作废"戳记,妥善保管,不得撕毁。(　　)

2. 发料凭证汇总表是一种汇总记账凭证。(　　)

3. 凭证中最具有法律效力的是原始凭证。(　　)

4. 对于数量过多的原始凭证,可以单独装订保管,但应在记账凭证上注明"附件另订"。(　　)

5. 会计部门应于记账之后,定期对各种会计凭证进行分类整理,并将各种记账凭证按编号顺序排列,连同所附的原始凭证一起加具封面,装订成册。(　　)

6. 企业的各种会计凭证都不得涂改、刮擦和变造,如果发生错误,应采用划线更正法更正。(　　)

7. 发票、购货合同、收据等都是原始凭证。(　　)

8. 在编制记账凭证时,原始凭证就是记账凭证的附件。(　　)

9. 记账凭证可以作为登记账簿的直接依据,原始凭证则不能作为登记账簿的直接依据。(　　)

10. 自制原始凭证的名称、用途、格式不同,因而不需要对其真实性、合法性进行审核。(　　)

11. 外来原始凭证一般都是一次凭证。 （　　）

12. 从外部取得的原始凭证,必须盖有填制单位的公章;从个人取得的原始凭证,不需签名或盖章。 （　　）

13. 付款凭证只有在银行存款减少时才填制。 （　　）

14. 填制原始凭证,汉字大写金额数字一律用正楷或行书书写,汉字大写金额到元位或角位为止的,后面必须写"正"或"整"字,分位后面不写"正"或"整"字。 （　　）

15. 会计凭证上填写的"人民币"字样或符号"￥"与汉字大写金额数字或阿拉伯金额数字之间应留有空白。 （　　）

16. 转账支票大小写金额或收款人姓名填错,如有更改,须在更改处加盖预留银行的印章。 （　　）

17. 填制和审核会计凭证是一种会计核算的专门方法。 （　　）

18. 记账人员根据记账凭证记账后,在记账符号栏内作记号,表示该笔金额已记入有关账户,以免漏记或重记。 （　　）

四、业务题

（一）判断下列原始凭证(凭证 1—凭证 12)所属类型以及代表的经济业务内容。

凭证 1

电子发票（增值税专用发票）

发票号码：23322000000001780507
开票日期：2024年12月1日

购买方信息	名称：南京畅想汽车科技有限公司				销售方信息	名称：南京证券股份有限公司		
	统一社会信用代码/纳税人识别号：9132011578383206X8					统一社会信用代码/纳税人识别号：91320100134881536B		
项目名称	规格型号	单位	数量	单价	金额	税率/征收率	税额	
*金融服务*直接收费金融服务			1	113.2075471698	113.21	6%	6.79	
合　计					￥113.21		￥6.79	
价税合计（大写）		⊗壹佰贰拾元整			（小写）￥120.00			
备注								

开票人：赵文泉

(1) 原始凭证类型：＿＿＿＿＿＿＿＿＿＿＿＿＿＿＿＿＿＿＿＿＿＿＿＿

(2) 经济业务内容：＿＿＿＿＿＿＿＿＿＿＿＿＿＿＿＿＿＿＿＿＿＿＿＿

凭证2

中国工商银行
现金支票存根
10203210
63225972

附加信息
付款银行账号：
4301011409100236682

出票日期 2024 年 9 月 1 日

收款人：南京畅想汽车科技有限公司
金　额：￥2 000.00
用　途：备用金

单位主管　　　会计 杨富春

南京特种印刷有限公司. 2023 年印制

（1）原始凭证类型：＿＿＿＿＿＿＿＿＿＿＿＿＿＿＿＿＿＿＿＿＿＿＿＿＿＿＿＿＿＿

（2）经济业务内容：＿＿＿＿＿＿＿＿＿＿＿＿＿＿＿＿＿＿＿＿＿＿＿＿＿＿＿＿＿＿

凭证3

ICBC 中国工商银行　　进 账 单(收账通知)　**3**

2024 年 9 月 1 日　　　　　　　　　　　　第　号

出票人	全　称	江苏明智汽车科技有限公司	收款人	全　称	南京畅想汽车科技有限公司										
	账　号	82131058970809135		账　号	4301011409100236682										
	开户银行	工商银行淮安淮北路支行		开户银行	工商银行南京鼓楼支行										
金额	人民币(大写)	贰佰叁拾万元整				千	百	十	万	千	百	十	元	角	分
							￥	2	3	0	0	0	0	0	0	0
票据种类	转账支票	票据张数	转讫 1												
票据号码		28205389													
复核　　　　记账				收款人开户银行签章											

中国工商银行
南京鼓楼支行
2024.9.1

此联是收款人开户银行交给收款人的收账通知

（1）原始凭证类型：＿＿＿＿＿＿＿＿＿＿＿＿＿＿＿＿＿＿＿＿＿＿＿＿＿＿＿＿＿＿

（2）经济业务内容：＿＿＿＿＿＿＿＿＿＿＿＿＿＿＿＿＿＿＿＿＿＿＿＿＿＿＿＿＿＿

凭证 4

办公用品领用单

2024 年 9 月 2 日

领用部门	物品名称	数量（盒）	领用人
管理部门	复印纸	10	赵艳来
销售部门	复印纸	10	刘佳欣
合　计		20	

财务主管:乔国军　　　　　　记账:杨富春　　　　　　制单:石梦园

（1）原始凭证类型：_____

（2）经济业务内容：_____

凭证 5

产品出库单

2024 年 9 月 3 日　　　　　　　　　　　凭证编号:CK1201

用途:销售　　　　　　　　　　　　　　　　　仓库:产成品库

产品编号	名称及规格	计量单位	数量	单位成本	总成本	备注
01	配件 A	只	9 000			
03	配件 C	只	4 000			
合　　计						

②财务联

供销主管:　　　　　保管员:贺宏光　　　　　记账:杨富春　　　　　制单:石梦园

（1）原始凭证类型：_____

（2）经济业务内容：_____

凭证 6

中国工商银行

银行汇票（多余款收账通知）

4 **10300041**
10392020

出票日期（大写）贰零贰肆年玖月零肆日		代理付款行：工商银行南京鼓楼支行　行号：102301000331											
收款人：苏州卓达商贸有限公司		账号：1102026509000217085											

提示付款期限自出票之日起壹个月

出票金额	人民币（大写）	贰拾陆万元整											

实际结算金额	人民币（大写）	贰拾伍万肆仟肆佰肆拾柒元陆角贰分	亿	千	百	十	万	千	百	十	元	角	分
						¥	2	5	4	4	4	7	6	2

申请人：南京畅想汽车科技有限公司　账号：4301011409100236682

出票行：工行南京鼓楼支行
行号：102301000331
备注：
凭票付款
出票行签章

密押

左列退回多余金额已收入你账户内

中国工商银行
南京鼓楼支行
2024.9.4
转讫
复核　记账

多余金额									
千	百	十	万	千	百	十	元	角	分
			¥	5	5	5	2	3	8

此联出票行结清多余款后交申请人

（1）原始凭证类型：＿＿＿＿＿＿＿＿＿＿＿＿＿＿＿＿＿
（2）经济业务内容：＿＿＿＿＿＿＿＿＿＿＿＿＿＿＿＿＿

凭证 7

借 款 单（记账）

2024 年 9 月 5 日

借款部门	销售部门	借款人	刘佳欣	事　由	出差北京参加行业展会
借款金额	人民币（大写）伍仟元整		（小写）¥5 000.00		注意事项：
部门负责人意见	同意现金付讫	借款人签字	刘佳欣		1. 凡需借用公款必须填写本单据；
会计负责人审批： 同意借款 邱兆明	付款方式： 库存现金		出纳： 李梦旭		2. 办妥借款事务后，应当在十日内完成结算。

（1）原始凭证类型：＿＿＿＿＿＿＿＿＿＿＿＿＿＿＿＿＿
（2）经济业务内容：＿＿＿＿＿＿＿＿＿＿＿＿＿＿＿＿＿

凭证 8

电子发票（增值税专用发票）

发票号码：23322000368271382001

开票日期：2024年12月9日

购买方信息	名称：常州德佳精密制造有限公司			销售方信息	名称：南京畅想汽车科技有限公司		
	统一社会信用代码/纳税人识别号：913204125558194660				统一社会信用代码/纳税人识别号：9132011578383206X8		

项目名称	规格型号	单位	数量	单价	金额	税率/征收率	税额
*机动车零配件*配件B		只	4800	22.00	105600.00	13%	13728.00
*机动车零配件*配件C		只	9000	18.00	162000.00	13%	21060.00
合 计					¥267 600.00		¥34 788.00
价税合计（大写）	⊗叁拾万零贰仟叁佰捌拾捌元整				（小写）¥302388.00		
备注							

开票人：黄娟

（1）原始凭证类型：＿＿＿＿＿＿＿＿＿＿＿＿＿＿＿＿＿＿＿＿＿＿

（2）经济业务内容：＿＿＿＿＿＿＿＿＿＿＿＿＿＿＿＿＿＿＿＿＿＿

凭证 9

F056982　　　　　检票：二层19B检票口

北京南 站　　　G117　　　南京南 站
Beijingnan　　　——→　　　Nanjingnan

2024 年 9 月 12 日　9:25 开　　　15 车 09A 号

¥ 443.00 元　　　网　　　二等座

限乘当日当次车

3201031990****1587　刘佳欣

买票请到12306 发货请到95306
中国铁路祝您旅途愉快

10010300730629H057723　北京南售

（1）原始凭证类型：＿＿＿＿＿＿＿＿＿＿＿＿＿＿＿＿＿＿＿＿＿＿

（2）经济业务内容：＿＿＿＿＿＿＿＿＿＿＿＿＿＿＿＿＿＿＿＿＿＿

凭证 10

购销协议书

甲方(出卖方):南京畅想汽车科技有限公司

乙方(买受方):常州万方精密制造有限公司

　　根据国家相关法律、法规,甲、乙双方本着平等自愿、互惠互利的原则,就乙方向甲方购买活塞事宜,经充分协商一致,签订本合同。

　　一、产品名称、数量及价格

产品名称	数量(只)	单价(元)	不含税总价(元)	税金(元)
配件 B	4 800	22.00	105 600.00	13 728.00
配件 C	9 000	18.00	162 000.00	21 060.00
合　计	13 800		267 600.00	34 788.00
金额(大写):叁拾万贰仟叁佰捌拾捌元整				

　　二、产品质量

　　甲方保证所提供产品质量符号国家相关生产标准,乙方在使用产品过程中,质量不符的产品由甲方负责调换,若不能调换,甲方予以退还。

　　三、合同价款及付款方式

　　1. 甲方在收到乙方预付款总额的80%(￥241 910.40)后五日内发货,如甲方不能如期供货,将按照货款总额的20%赔付乙方损失费用。

　　2. 货到三日内乙方付清尾款,每延迟一日承担尾款总额的千分之一违约金。

　　四、合同效力

　　本合同一式两份,甲、乙双方各执一份,自双方授权代表签字盖章后生效。

甲方(盖章)　　　　　　　　　　乙方(盖章)
授权代表:钟国梦　　　　　　　　授权代表:郝闻明
签字日期:2024.9.6　　　　　　　签字日期:2024.9.6

(1) 原始凭证类型:＿＿＿＿＿＿＿＿＿＿＿＿＿＿＿＿＿＿＿＿

(2) 经济业务内容:＿＿＿＿＿＿＿＿＿＿＿＿＿＿＿＿＿＿＿＿

凭证 11

中国工商银行　网上银行电子回单

电子回单号码:0020-3107-0335-1100

付款人	户　　名	南京畅想汽车科技有限公司	收款人	户　　名	常州精炼石化有限公司
	账　　号	4301011409100236682		账　　号	1102064676632093573
	开户银行	工商银行南京鼓楼支行		开户银行	工商银行常州河海支行
	金额	¥15 424.50		金额(大写)	人民币壹万伍仟肆佰贰拾肆元伍角整
	摘要			业务(产品)种类	汇划发报
	用途	偿还前欠货款			
	交易流水号	20053540		时间戳	2024-9-7-19.03.22.441.300
	备注:				
	验证码:3ZZ02uw75MntPo3Lo70ya83RWG5=				
	记账网点	00222	记账柜员	00011	记账日期　2024 年 9 月 7 日

打印日期:2024 年 9 月 7 日

(1) 原始凭证类型:＿＿＿＿＿＿＿＿＿＿＿＿＿＿＿＿＿＿＿＿＿＿＿＿＿＿

(2) 经济业务内容:＿＿＿＿＿＿＿＿＿＿＿＿＿＿＿＿＿＿＿＿＿＿＿＿＿＿

凭证 12

ICBC 中国工商银行　托收凭证(付款通知)　　　　**5**

委托日期:2024 年 9 月 9 日　　　付款期限:2024 年 9 月 9 日

业务类型	委托收款(□邮划　□电划)		托收承付(□邮划　□电划)	
付款人 全　称	南京畅想汽车科技有限公司	收款人 全　称	南京长顺建筑工程有限公司	
账　号	4301011409100236682	账　号	4301010919100230770	
地　址	江苏省南京 市县 开户行 工行鼓楼支行	地　址	江苏省南京 市县 开户行 工行宁南支行	

金额	人民币(大写)	壹拾陆万叁仟伍佰元整	千	百	十	万	千	百	十	元	角	分
				¥	1	6	3	5	0	0	0	0

款项内容	仓库工程款	托收凭证名称	发票	附寄单证张数	1
商品发货情况			合同名称号码		

备注: 复核　记账	付款人开户银行签章 2024 年 9 月 9 日	付款人注意: 1. 根据支付结算办法,上列委托收款(托收承付)款项在付款期限内未提出拒付,即视为同意付款,以此作为代付款通知。 2. 如需提出全部或部分拒付,应在规定期限内,将拒付理由书并附债务证明退交开户银行。

(1) 原始凭证类型:＿＿＿＿＿＿＿＿＿＿＿＿＿＿＿＿＿＿＿＿＿＿＿＿＿＿

(2) 经济业务内容:＿＿＿＿＿＿＿＿＿＿＿＿＿＿＿＿＿＿＿＿＿＿＿＿＿＿

(二) 根据轩辕公司 2024 年 8 月发生的经济业务,编制有关原始凭证和记账凭证。

(1) 1 日,填写现金支票(图 5-1),提取现金 5 000 元作为备用金,并编制记账凭证 (表 5-1)。

图 5-1 现金支票

表 5-1

记 账 凭 证

年　月　日　　　　　　　　　　记字第　号

摘要	总账科目	明细科目	√	借方金额									贷方金额									
				百	十	万	千	百	十	元	角	分	百	十	万	千	百	十	元	角	分
合　计																					

财务主管　　　　记账　　　　　复核　　　　　制单

(2) 2 日,开出转账支票(图 5-2)支付前欠 A 公司货款 50 000 元,并编制记账凭证 (表 5-2)。

表 5-2

记 账 凭 证

年　月　日　　　　　　　　　　记字第　号

摘要	总账科目	明细科目	√	借方金额									贷方金额									
				百	十	万	千	百	十	元	角	分	百	十	万	千	百	十	元	角	分
合　计																					

财务主管　　　　记账　　　　　复核　　　　　制单

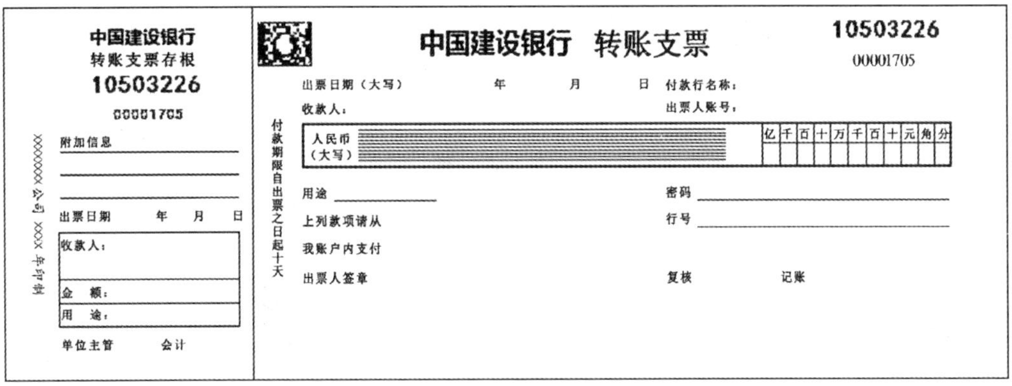
中国建设银行
转账支票存根
10503226
00001705
附加信息
出票日期　年　月　日
收款人：
金　额：
用　途：
单位主管　会计
XXXXXXX 公司 XXXX 年印制

中国建设银行　转账支票　10503226　00001705
出票日期（大写）　年　月　日　付款行名称：
收款人：　出票人账号：
人民币（大写）　亿 千 百 十 万 千 百 十 元 角 分
用途　密码
上列款项请从　行号
我账户内支付
出票人签章　复核　记账
付款期限自出票之日起十天

图 5-2　转账支票

(3) 3 日，员工张萌填写借款单(图 5-3)，预借差旅费 4 000 元。会计人员据此编制记账凭证(表 5-3)。

借款单

年　月　日　NO 02858

借款人：	所属部门：
借款用途：	
借款金额：人民币(大写)	(小写)¥
部门负责人审批：	借款人(签章)：
财务部门审核：	
单位负责人批示：	签字：
核销记录：	

第一联　付款联（付款人记账）

图 5-3　借款单

表 5-3　记 账 凭 证

年　月　日　记字第　号

摘要	总账科目	明细科目	√	借方金额									贷方金额								
				百	十	万	千	百	十	元	角	分	百	十	万	千	百	十	元	角	分
合　计																					

附件　张

财务主管　记账　复核　制单

（4）4日,收到个人客户林生交来的包装物押金200元,开出收款收据(图5-4),并编制记账凭证(表5-4)。

收 款 收 据

年 月 日

NO.**000822**

今 收 到＿＿＿＿＿＿＿＿＿＿＿＿＿＿＿＿＿＿＿＿＿＿

交 来:＿＿＿＿＿＿＿＿＿＿＿＿＿＿＿＿＿＿＿＿＿＿

金额(大写) 佰 拾 万 仟 佰 拾 元 角 分

¥ ＿＿＿＿＿＿ □现金 □转账支票 □其他

第一联 存根联

收款单位(盖章)

核准: 会计: 记账: 出纳: 经手人:

图5-4 收款收据

表5-4

记 账 凭 证

年 月 日　　　　　　记字第 号

摘要	总账科目	明细科目	√	借方金额									贷方金额									
				百	十	万	千	百	十	元	角	分	百	十	万	千	百	十	元	角	分
合 计																					

财务主管　　　　记账　　　　复核　　　　制单

附件　张

（5）5日,向B公司销售月饼礼盒30件,每件价格200元,适用增值税税率13%,款项尚未收回,开出增值税专用发票(图5-5),并编制记账凭证(表5-5)。

表5-5

记 账 凭 证

年 月 日　　　　　　记字第 号

摘要	总账科目	明细科目	√	借方金额									贷方金额									
				百	十	万	千	百	十	元	角	分	百	十	万	千	百	十	元	角	分
合 计																					

财务主管　　　　记账　　　　复核　　　　制单

附件　张

电子发票(增值税专用发票)　　发票号码：

开票日期：

购买方信息	名称：								
	统一社会信用代码/纳税人识别号：								

销售方信息	名称：
	统一社会信用代码/纳税人识别号：

项目名称	规格型号	单 位	数 量	单 价	金 额	税率/征收率	税 额
合　计							

价税合计（大写）	⊗	（小写）

备注	

开票人：

图 5-5　增值税专用发票

（6）6 日,购入绿豆 200 千克,单价 20 元,适用税率 13%,已收到增值税专用发票（图 5-6）。款项已用银行存款付讫,货物已办理入库,填制收料单（图 5-7）,并编制记账凭证（表 5-6）。

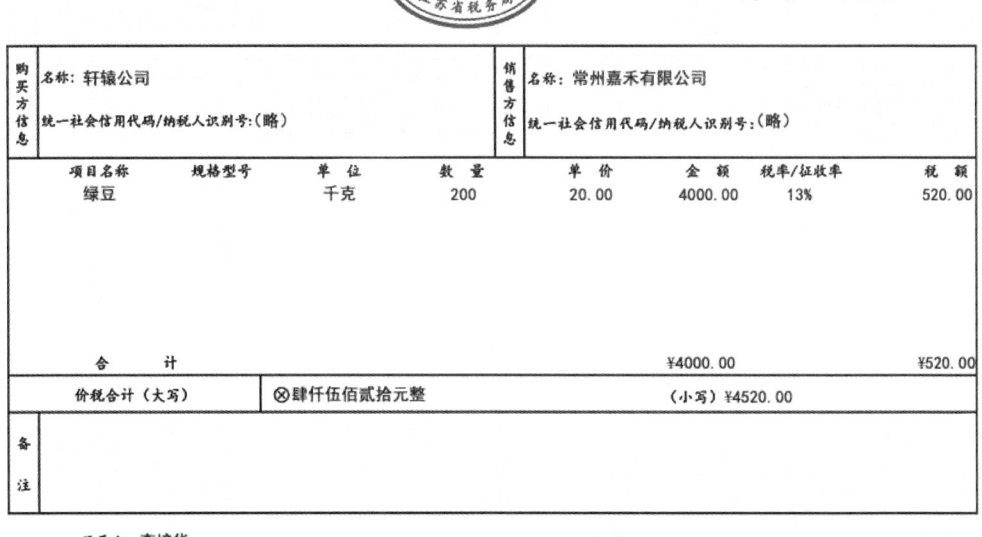

电子发票(增值税专用发票)　　发票号码：23322000368271382001

开票日期：2024年8月6日

购买方信息	名称：轩辕公司							
	统一社会信用代码/纳税人识别号：(略)							

销售方信息	名称：常州嘉禾有限公司
	统一社会信用代码/纳税人识别号：(略)

项目名称	规格型号	单 位	数 量	单 价	金 额	税率/征收率	税 额
绿豆		千克	200	20.00	4000.00	13%	520.00
合　计					¥4000.00		¥520.00

价税合计（大写）	⊗肆仟伍佰贰拾元整	（小写）¥4520.00

备注	

开票人：李培华

图 5-6　增值税专用发票

收 料 单

供应单位：   年 月 日   编号 SL075

材料编号	名　称	单　位	规　格	数　量		实际成本				
				应　收	实　收	单　价	发票价格	运杂费	总价	
										第一联　存根联
备注：										

收料人：   交料人：

图 5-7　收料单

表 5-6

记 账 凭 证

年　　月　　日   记字第　　号

摘要	总账科目	明细科目	√	借方金额									贷方金额								
				百	十	万	千	百	十	元	角	分	百	十	万	千	百	十	元	角	分
合　计																					

附件　张

财务主管　　　　　　记账　　　　　　复核　　　　　　制单

项目六　会计账簿

思维导图

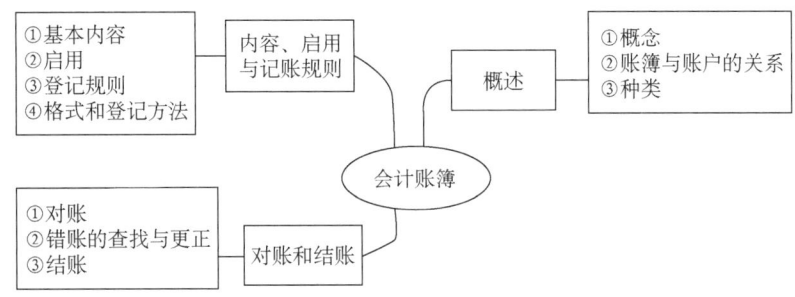

模拟训练

一、单项选择题

1. 下列账户中,应采用贷方多栏式账页格式的是(　　)。

    A. "应交税费——应交增值税"　　　　B. "本年利润"

    C. "主营业务收入"　　　　　　　　D. "管理费用"

2. 日记账一般采用(　　)形式。

    A. 横线登记式账　　　　　　　　B. 卡片账

    C. 活页账　　　　　　　　　　　D. 订本账

3. 企业开出转账支票 1 790 元购买办公用品,编制记账凭证时,误记金额 1 970 元,科目与方向无误并已记账,应采用的更正方法是(　　)。

    A. 红字冲销 180 元　　　　　　　B. 把错误凭证撕掉重新编制

    C. 在凭证中划线更正　　　　　　D. 补充登记 180 元

4. 下列账簿中,可以跨年连续使用的是(　　)。

    A. 日记账　　　　　　　　　　　B. 多数明细账

    C. 备查账　　　　　　　　　　　D. 总账

5. 总分类账与明细分类账平行登记四要点中的"依据相同"是指(　　)。

    A. 总分类账要根据明细分类账进行登记

B. 明细分类账要根据总分类账进行登记

C. 根据同一会计凭证登记

D. 由同一人员进行登记

6. 将账簿划分为序时账簿、分类账簿和备查账簿的依据是( )。

    A. 账簿的用途　　　　　　　　　B. 账页的格式

    C. 账簿的性质　　　　　　　　　D. 账簿的外形特征

7. 下列表述中,正确的是( )。

    A. 库存现金日记账实质上就是库存现金的总账

    B. 总账的余额不一定等于其明细账的余额合计数

    C. 明细账根据明细分类科目设置

    D. 所有资产类总账的余额合计数应等于所有负债类总账的余额合计数

8. 下列说法中,正确的是( )。

    A. 登记各种账簿的直接依据只能是记账凭证

    B. 库存现金及银行存款日记账的外表形式应采用订本式

    C. 库存现金付款凭证不能用来作为登记银行存款日记账的依据

    D. 总分类账户发生额及余额试算平衡中本期借方发生额合计等于本期贷方发生额合计,说明账户发生额记录肯定没有错

9. 下列各账簿中,必须逐日逐笔登记的是( )。

    A. 库存现金总账　　　　　　　　B. 固定资产明细账

    C. 原材料明细账　　　　　　　　D. 银行存款日记账

10. 下列账簿中,必须采用订本式账簿的是( )。

    A. 原材料明细账　　　　　　　　B. 固定资产登记簿

    C. 库存商品明细账　　　　　　　D. 银行存款日记账

11. 卡片账一般在进行( )时采用。

    A. 固定资产总分类核算　　　　　B. 原材料总分类核算

    C. 原材料明细分类核算　　　　　D. 固定资产明细分类核算

12. 将每一相关的业务登记在一起,从而可依据每一行各个栏目的登记是否齐全来判断该项业务的进展情况的明细分类账格式属于( )。

    A. 多栏式　　　　　　　　　　　B. 数量金额式

    C. 横线登记式　　　　　　　　　D. 三栏式

13. 下列账簿中,一般采用活页账形式的是( )。

    A. 日记账　　　　　　　　　　　B. 备查账

    C. 总分类账　　　　　　　　　　D. 明细分类账

14. 下列项目中,不属于账实核对内容的是( )。

    A. 库存现金日记账与库存现金数核对

    B. 债权债务明细账与对方单位的账面记录核对

    C. 银行存款日记账余额与银行对账单余额核对

    D. 账簿记录与原始凭证核对

15. 会计账簿暂由单位财务会计部门保管(　　)年,期满后,由财务会计部门编造清册移交本单位的档案部门保管。

    A. 3　　　　　　　　B. 10　　　　　　　　C. 5　　　　　　　　D. 1

16. 下列明细分类账中,一般不宜采用三栏式账页格式的是(　　)。

    A. 应收账款明细账　　　　　　　　B. 实收资本明细账

    C. 原材料明细账　　　　　　　　　D. 应付账款明细账

17. 企业临时租入的固定资产(　　)。

    A. 无须在账簿中进行任何登记　　　B. 应在备查账簿中登记

    C. 应在明细分类账簿中登记　　　　D. 应在总分类账簿中登记

18. 下列错账中,可以采用补充登记法的是(　　)。

    A. 在结账前发现账簿记录有文字或数字错误,而记账凭证没有错误

    B. 记账后发现记账凭证填写的会计科目无误,只是所记金额小于应记金额

    C. 记账后在当年内发现记账凭证所记的会计分录错误

    D. 记账后在当年内发现记账凭证所记金额小于应记金额

19. 生产成本明细账应采用(　　)。

    A. 数量金额式　　　　　　　　　　B. 横线登记式

    C. 多栏式　　　　　　　　　　　　D. 三栏式

20. 下列项目中,属于账证核对内容的是(　　)。

    A. 总分类账簿与所属明细分类账簿核对

    B. 原始凭证与记账凭证核对

    C. 会计账簿与记账凭证核对

    D. 银行存款日记账与银行对账单核对

21. 从银行提取现金,登记库存现金日记账的依据是(　　)。

    A. 库存现金收款凭证　　　　　　　B. 银行存款付款凭证

    C. 银行存款收款凭证　　　　　　　D. 库存现金付款凭证

22. 下列说法中,正确的是(　　)。

    A. 企业应收应付账款明细账与对方单位账户记录核对属于账账核对

    B. 账簿记录正确并不一定保证账实相符

    C. 所有账簿,每年必须更换新账

    D. 除结账和更正错账外,一律不得用红色墨水笔登记账簿

23. 下列明细账中,既适用于金额核算,又适用于数量核算的是(　　)。

    A. 库存商品明细账　　　　　　　　B. 实收资本明细账

    C. 制造费用明细账　　　　　　　　D. 应收账款明细账

24. 在启用之前就已将账页装订在一起,并对账页进行了连续编号的账簿称为(　　)。

A. 订本账　　　　　B. 卡片账　　　　　C. 联合式账　　　　D. 活页账

25. 在登记账簿过程中,每一账页的最后一行及下一页都要办理转页手续,是为了( )。

　　A. 防止遗漏　　　　　　　　　B. 便于查账

　　C. 保持记录的连续性　　　　　D. 防止隔页

二、多项选择题

1. 下列各项中,应当建立备查账簿登记的有( )。

　　A. 银行存款　　　　　　　　　B. 原材料

　　C. 已贴现的应收票据　　　　　D. 经营租入设备

2. 下列凭证中,可以作为库存现金日记账的收入栏依据的有( )。

　　A. 库存现金收款凭证　　　　　B. 库存现金付款凭证

　　C. 银行存款付款凭证　　　　　D. 银行存款收款凭证

3. 数量金额式账簿的收入、发出和结存三大栏内,都分设( )三个小栏。

　　A. 金额　　　　B. 单价　　　　C. 数量　　　　D. 种类

4. 下列关于平行登记的说法中,正确的有( )。

　　A. 总账账户的期初余额＝明细账账户期初余额合计

　　B. 记入总分类账户的金额与记入其所属明细分类账户的合计金额相等

　　C. 总账账户的本期发生额＝所属明细账账户本期发生额合计

　　D. 总账账户的期末余额＝所属明细账账户期末余额合计

5. 记账后发现记账凭证中应借、应贷会计科目正确,只是金额发生错误,可采用的错账更正方法有( )。

　　A. 划线更正法　　　　　　　　B. 横线登记法

　　C. 补充登记法　　　　　　　　D. 红字更正法

6. 下列内容中,属于结账工作的有( )。

　　A. 清点库存现金

　　B. 按照权责发生制对有关账项进行调整

　　C. 编制试算平衡表

　　D. 结算有关账户的本期发生额及期末余额

7. 下列关于分类账的说法中,正确的有( )。

　　A. 总分类账必须采用订本式账簿

　　B. 不是所有账户都需要开设明细分类账户

　　C. 明细分类账户提供详细、具体的核算指标

　　D. 总分类账户提供总括核算指标

8. 下列说法中,不正确的有( )。

　　A. 银行存款日记账应按企业在银行开立的账户和币种分别设置,每个银行账户设

　　置一本日记账

　　B. 平行式明细账不适用于一次性备用金业务

　　C. 总账最常用的格式为三栏式

　　D. 日记账必须采用三栏式

9. 下列说法中,正确的有(　　)。

　　A. 对账的内容包括账证核对、账账核对、账实核对

　　B. 短期借款明细账应采用三栏式账页格式

　　C. 应收账款明细账应采用订本式账簿

　　D. 多栏式明细账一般适用于成本、费用、收入和利润类的明细账

10. 下列各项中,属于对账范围的有(　　)。

　　A. 账簿记录与报表记录的核对

　　B. 账簿记录与有关会计凭证的核对

　　C. 库存商品明细账余额与库存商品的核对

　　D. 日记账余额与有关总分类账户余额的核对

11. 下列说法中,正确的有(　　)。

　　A. 在会计核算中,一般应通过财产清查进行账实核对

　　B. 多栏式明细账一般适用于资产类账户

　　C. 因记账凭证错误而造成的账簿记录错误,一定采用红字更正法进行更正

　　D. 各种日记账、总账及资本、债权债务明细账都可采用三栏式账簿

12. 错账更正的方法一般有(　　)。

　　A. 划线更正法　　　　　　　　B. 平行登记法

　　C. 补充登记法　　　　　　　　D. 红字更正法

13. 下列账户中,只需反映金额指标的有(　　)。

　　A. “实收资本”　　　　　　　　B. “库存商品”

　　C. “短期借款”　　　　　　　　D. “原材料”

三、判断题

1. 活页账无论是在账簿登记完毕之前还是在之后,账页都不固定装订在一起,而是装在活页账夹中。　　　　　　　　　　　　　　　　　　　　　　　　　(　　)

2. 各种日记账、总账以及资本、债权债务明细账都可采用三栏式账簿。　(　　)

3. 会计部门的财产物资明细账期末余额与财产物资使用部门的财产物资明细账余额相核对,属于账实核对。　　　　　　　　　　　　　　　　　　　　　(　　)

4. 对各种明细账除可采用活页账外表形式外,还可采用卡片账外表形式。(　　)

5. 严格地说,卡片账也是一种活页账,只不过它不是装在活页夹中,而是装在卡片箱内。　　　　　　　　　　　　　　　　　　　　　　　　　　　　　　(　　)

6. 在平行登记法下,总分类账和明细分类账要同时间登记。　　　　　(　　)

7. 会计人员在记账以后,若发现所依据的记账凭证中的应借、应贷会计科目有错误,则不论金额多记还是少记,均采用红字更正法进行更正。 （　　）

8. 登记账簿要用蓝黑墨水笔或碳素墨水笔书写,不得使用铅笔书写,但可使用钢笔或圆珠笔书写。 （　　）

9. 启用会计账簿时,应当在账簿封面上写明单位名称和账簿名称,并在账簿扉页上附启用表。 （　　）

10. 新旧账簿有关账户之间的结转余额,也需要编制记账凭证。 （　　）

11. 凡是只进行金额核算的明细分类账户都应采用三栏式的账页格式。 （　　）

12. 对需要结计本年累计发生额的账户,结计"过次页"的本页合计数应为年初起至本月末止的累计数。 （　　）

13. 主要账簿中不予登记或登记不详细的经济业务,可以在备查账簿中予以登记。 （　　）

14. 在我国,单位一般只对原材料的明细核算采用卡片账。 （　　）

15. 设置和登记账簿是编制会计报表的基础,是连接会计凭证与会计报表的中间环节。 （　　）

16. 补充登记法一般适用于记账凭证所记会计科目无误,只是所记金额大于应记金额,从而引起的记账错误。 （　　）

17. 在账簿记录中有可能出现红字。 （　　）

18. 总分类账户平时不必每日结出余额,只需要每月结出月末余额。 （　　）

四、业务题

(一) 练习分类账的登记

宏伟工厂 2024 年 11 月 1 日"原材料""应付账款"总分类账户余额分别为 105 000 元、85 000 元。其他资料如下:

(1) 原材料明细账,如表 6-1 所示。

表 6-1　　　　　　　　　　　　　原材料明细账　　　　　　　　金额单位:元

明细账名称	计量单位	数量	单价	金额
A 材料	吨	5	1 000	5 000
B 材料	千克	3 000	20	60 000
C 材料	件	800	50	40 000

(2) 应付账款明细账,如表 6-2 所示。

表 6-2　　　　　　　　　　　　　应付账款明细账　　　　　　　　单位:元

明细账户名称	金　　额
甲公司	55 000
乙公司	30 000

(3) 11 月发生的经济业务：

4 日,用银行存款归还甲公司前欠货款 30 000 元。

10 日,向甲公司购入 A 材料 2 000 吨,金额 2 000 元;B 材料 2 000 千克,金额 40 000 元。货款共计 42 000 元,款项尚未支付。

15 日,向乙公司购入 B 材料 5 000 千克,单价 20 元;C 材料 1 000 件,单价 50 元。货款共计 150 000 元,款项尚未支付。

20 日,生产产品领用 B 材料 3 500 千克,C 材料 1 200 件。

26 日,用银行存款归还乙公司前欠货款 20 000 元。

要求:(1)根据 11 月份经济业务,填制记账凭证(表 6-3 至表 6-9)。

(2) 根据记账凭证(表 6-3 至表 6-9)登记有关明细分类账和总分类账(表 6-10 至表 6-16)。

表 6-3

记 账 凭 证

年　　月　　日　　　　　　　　　　　　记字第　　号

摘要	总账科目	明细科目	√	借方金额									贷方金额									
				百	十	万	千	百	十	元	角	分	百	十	万	千	百	十	元	角	分
合　计																					

财务主管　　　　　　记账　　　　　　复核　　　　　　制单

表 6-4

记 账 凭 证

年　　月　　日　　　　　　　　　　　　记字第　　号

摘要	总账科目	明细科目	√	借方金额									贷方金额									
				百	十	万	千	百	十	元	角	分	百	十	万	千	百	十	元	角	分
合　计																					

财务主管　　　　　　记账　　　　　　复核　　　　　　制单

表6-5

记 账 凭 证

年　　月　　日　　　　　　　　　　　记字第　　号

摘要	总账科目	明细科目	√	借方金额									贷方金额								
				百	十	万	千	百	十	元	角	分	百	十	万	千	百	十	元	角	分
合　计																					

财务主管　　　　　　记账　　　　　　复核　　　　　　制单

附件　　张

表6-6

记 账 凭 证

年　　月　　日　　　　　　　　　　　记字第　　号

摘要	总账科目	明细科目	√	借方金额									贷方金额								
				百	十	万	千	百	十	元	角	分	百	十	万	千	百	十	元	角	分
合　计																					

财务主管　　　　　　记账　　　　　　复核　　　　　　制单

附件　　张

表6-7

记 账 凭 证

年　　月　　日　　　　　　　　　　　记字第　　号

摘要	总账科目	明细科目	√	借方金额									贷方金额								
				百	十	万	千	百	十	元	角	分	百	十	万	千	百	十	元	角	分
合　计																					

财务主管　　　　　　记账　　　　　　复核　　　　　　制单

附件　　张

表 6-8

记 账 凭 证

年　　月　　日　　　　　　　　　　　记字第　　号

摘要	总账科目	明细科目	√	借方金额									贷方金额									
				百	十	万	千	百	十	元	角	分	百	十	万	千	百	十	元	角	分
合　计																					

附件　　张

财务主管 ×××　　　　　记账 ×××　　　　　复核 ×××　　　　　制单 ×××

表 6-9

记 账 凭 证

年　　月　　日　　　　　　　　　　　记字第　　号

摘要	总账科目	明细科目	√	借方金额									贷方金额									
				百	十	万	千	百	十	元	角	分	百	十	万	千	百	十	元	角	分
合　计																					

附件　　张

财务主管：　　　　　记账　　　　　复核　　　　　制单

表 6-10

总 分 类 账

账户名称：　　　　　　　　　　　　　　　　　　　　　　单位:元

年		凭证号数	摘　要	借　方	贷　方	借/贷	余　额
月	日						

表 6-11　　　　　　　　　　　　　　　　材料明细分类账

账户名称：　　　　　　　　　　　　　　　　　　　　　　　　　　金额单位:元

年		凭证号数	摘　要	计量单位	单价	收入		发出		结存	
月	日					数量	金额	数量	金额	数量	金额

表 6-12　　　　　　　　　　　　　　　　材料明细分类账

账户名称：　　　　　　　　　　　　　　　　　　　　　　　　　　金额单位:元

年		凭证号数	摘　要	计量单位	单价	收入		发出		结存	
月	日					数量	金额	数量	金额	数量	金额

表 6-13　　　　　　　　　　　　　　　　材料明细分类账

账户名称：　　　　　　　　　　　　　　　　　　　　　　　　　　金额单位:元

年		凭证号数	摘　要	计量单位	单价	收入		发出		结存	
月	日					数量	金额	数量	金额	数量	金额

表 6-14 总 分 类 账

账户名称： 单位:元

年		凭证号数	摘 要	借 方	贷 方	借/贷	余 额
月	日						

表 6-15 应付账款明细账

明细科目： 第 页

年		凭证号数	摘 要	借 方	贷 方	借/贷	余 额
月	日						
			本月合计				

表 6-16 应付账款明细账

明细科目： 第 页

年		凭证号数	摘 要	借 方	贷 方	借/贷	余 额
月	日						
			本月合计				

（二）练习错账的更正

2024 年 8 月,某公司发生的下列经济业务,会计人员在填制凭证时,没有发现问题并据以登记入账。

（1）2 日,车间生产乙产品领用圆钢 3 500 元。填制的记账凭证,如表 6-17 所示。

表 6-17

记 账 凭 证

2024 年 8 月 2 日

记字第×号

摘要	总账科目	明细科目	√	借方金额										贷方金额										
				百	十	万	千	百	十	元	角	分	百	十	万	千	百	十	元	角	分	
生产乙产品领用圆钢	制造费用		√				3	5	0	0	0	0										附件
	原材料		√													3	5	0	0	0	0	×张
合 计						¥	3	5	0	0	0	0			¥	3	5	0	0	0	0	

财务主管 ×××　　　　　记账 ×××　　　　　复核 ×××　　　　　制单 ×××

（2）3 日,支付第二季度厂部保险费 40 000 元。填制的记账凭证,如表 6-18 所示。

表 6-18

记 账 凭 证

2024 年 8 月 3 日

记字第×号

摘要	总账科目	明细科目	√	借方金额										贷方金额										
				百	十	万	千	百	十	元	角	分	百	十	万	千	百	十	元	角	分	
支付第二季度厂部保险费	制造费用		√			4	0	0	0	0	0	0										附件
	银行存款		√												4	0	0	0	0	0	0	×张
合 计						¥	4	0	0	0	0	0	0		¥	4	0	0	0	0	0	0	

财务主管 ×××　　　　　记账 ×××　　　　　复核 ×××　　　　　制单 ×××

（3）5 日,因 A 公司破产倒闭,其应收 A 公司的 30 000 元账款,经批准确认为坏账。填制的记账凭证,如表 6-19 所示。

表 6-19

记 账 凭 证

2024 年 8 月 5 日　　　　　　　　　　　　　记字第×号

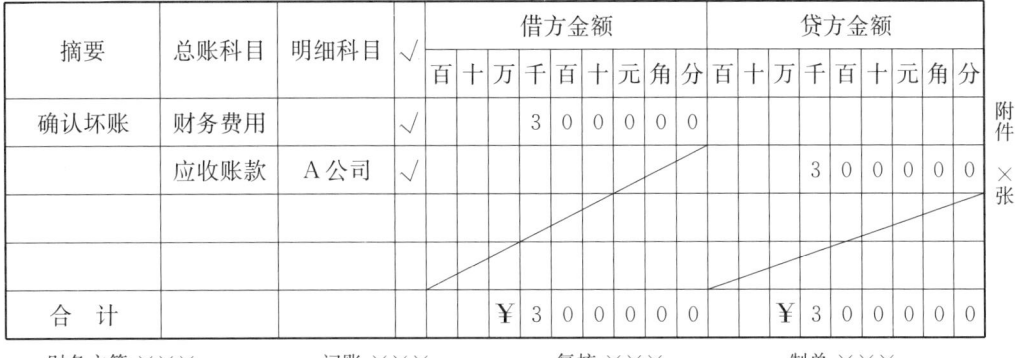

摘要	总账科目	明细科目	√	借方金额									贷方金额									
				百	十	万	千	百	十	元	角	分	百	十	万	千	百	十	元	角	分
确认坏账	财务费用		√				3	0	0	0	0	0									
	应收账款	A公司	√														3	0	0	0	0	0
合　计							¥	3	0	0	0	0	0				¥	3	0	0	0	0	0

附件×张

财务主管 ×××　　　　　记账 ×××　　　　　复核 ×××　　　　　制单 ×××

（4）10 日，办公室李明购买办公用品，到财务科报销 423 元，以现金支付。填制的记账凭证，如表 6-20 所示。

表 6-20

记 账 凭 证

2024 年 8 月 10 日　　　　　　　　　　　　　记字第×号

摘要	总账科目	明细科目	√	借方金额									贷方金额									
				百	十	万	千	百	十	元	角	分	百	十	万	千	百	十	元	角	分
购买办公用品	销售费用		√					4	3	2	0	0									
	库存现金		√															4	3	2	0	0
合　计								¥	4	3	2	0	0					¥	4	3	2	0	0

附件×张

财务主管 ×××　　　　　记账 ×××　　　　　复核 ×××　　　　　制单 ×××

（5）25 日，因 B 公司破产倒闭，其应收 B 公司的 20 000 元账款，被确认为坏账。填制的记账凭证，如表 6-21 所示。

表 6-21

记 账 凭 证

2024 年 8 月 25 日　　　　　　　　　　　　　记字第×号

摘要	总账科目	明细科目	√	借方金额									贷方金额									
				百	十	万	千	百	十	元	角	分	百	十	万	千	百	十	元	角	分
确认为坏账	坏账准备		√			2	0	0	0	0	0	0									
	应收账款	B公司	√												2	0	0	0	0	0	0
合　计					¥	2	0	0	0	0	0	0		¥	2	0	0	0	0	0	0

附件×张

财务主管 ×××　　　　　记账 ×××　　　　　复核 ×××　　　　　制单 ×××

（6）28 日,销售原材料价税合计 67 800 元。填制的记账凭证,如表 6-22 所示。

表 6-22

记 账 凭 证

2024 年 8 月 28 日　　　　　　　　　　　　　　　　　记字第×号

摘要	总账科目	明细科目	√	借方金额										贷方金额										
				百	十	万	千	百	十	元	角	分	百	十	万	千	百	十	元	角	分
销售原材料	库存现金		√				6	6	8	0	0	0									
	其他业务收入		√													6	0	0	0	0	0
	应交税费	应交增值税(销项税额)	√														6	8	0	0	0
合　计						¥	6	6	8	0	0	0			¥	6	6	8	0	0	0

财务主管 ×××　　　　记账 ×××　　　　复核 ×××　　　　制单 ×××

附件 ×张

要求:月末查账,请指出上述记账凭证的错误之处,并更正(表 6-23 至表 6-36)。

（1）

表 6-23

记 账 凭 证

年　　月　　日　　　　　　　　　　　　　　　　　记字第　　号

摘要	总账科目	明细科目	√	借方金额										贷方金额										
				百	十	万	千	百	十	元	角	分	百	十	万	千	百	十	元	角	分
合　计																					

财务主管 ×××　　　　记账 ×××　　　　复核 ×××　　　　制单 ×××

附件 张

表 6-24

记 账 凭 证

年　　月　　日　　　　　　　　　　　　　　　　　记字第　　号

摘要	总账科目	明细科目	√	借方金额										贷方金额										
				百	十	万	千	百	十	元	角	分	百	十	万	千	百	十	元	角	分
合　计																					

财务主管 ×××　　　　记账 ×××　　　　复核 ×××　　　　制单 ×××

附件 张

（2）

表 6-25

记 账 凭 证

年　　月　　日　　　　　　　　　　记字第　　号

摘要	总账科目	明细科目	√	借方金额									贷方金额								
				百	十	万	千	百	十	元	角	分	百	十	万	千	百	十	元	角	分
合　计																					

附件　　张

财务主管 ×××　　　　　记账 ×××　　　　　复核 ×××　　　　　制单 ×××

表 6-26

记 账 凭 证

年　　月　　日　　　　　　　　　　记字第　　号

摘要	总账科目	明细科目	√	借方金额									贷方金额								
				百	十	万	千	百	十	元	角	分	百	十	万	千	百	十	元	角	分
合　计																					

附件　　张

财务主管 ×××　　　　　记账 ×××　　　　　复核 ×××　　　　　制单 ×××

（3）

表 6-27

记 账 凭 证

年　　月　　日　　　　　　　　　　记字第　　号

摘要	总账科目	明细科目	√	借方金额									贷方金额								
				百	十	万	千	百	十	元	角	分	百	十	万	千	百	十	元	角	分
合　计																					

附件　　张

财务主管 ×××　　　　　记账 ×××　　　　　复核 ×××　　　　　制单 ×××

表 6-28

记 账 凭 证

年　　月　　日　　　　　　　　　　　记字第　号

摘要	总账科目	明细科目	√	借方金额									贷方金额								
				百	十	万	千	百	十	元	角	分	百	十	万	千	百	十	元	角	分
合　计																					

财务主管 ×××　　　　　　记账 ×××　　　　　　复核 ×××　　　　　　制单 ×××

附件　张

（4）

表 6-29

记 账 凭 证

年　　月　　日　　　　　　　　　　　记字第　号

摘要	总账科目	明细科目	√	借方金额									贷方金额								
				百	十	万	千	百	十	元	角	分	百	十	万	千	百	十	元	角	分
合　计																					

财务主管 ×××　　　　　　记账 ×××　　　　　　复核 ×××　　　　　　制单 ×××

附件　张

表 6-30

记 账 凭 证

年　　月　　日　　　　　　　　　　　记字第　号

摘要	总账科目	明细科目	√	借方金额									贷方金额								
				百	十	万	千	百	十	元	角	分	百	十	万	千	百	十	元	角	分
合　计																					

财务主管 ×××　　　　　　记账 ×××　　　　　　复核 ×××　　　　　　制单 ×××

附件　张

（5）

表 6-31　　　　　　　　　　　　记 账 凭 证

年　　月　　日　　　　　　　　　　　　记字第　号

摘要	总账科目	明细科目	√	借方金额									贷方金额								
				百	十	万	千	百	十	元	角	分	百	十	万	千	百	十	元	角	分
合　计																					

财务主管 ×××　　　　　　记账 ×××　　　　　　复核 ×××　　　　　　制单 ×××

附件　张

表 6-32　　　　　　　　　　　　记 账 凭 证

年　　月　　日　　　　　　　　　　　　记字第　号

摘要	总账科目	明细科目	√	借方金额									贷方金额								
				百	十	万	千	百	十	元	角	分	百	十	万	千	百	十	元	角	分
合　计																					

财务主管 ×××　　　　　　记账 ×××　　　　　　复核 ×××　　　　　　制单 ×××

附件　张

（6）

表 6-33　　　　　　　　　　　　记 账 凭 证

年　　月　　日　　　　　　　　　　　　记字第　号

摘要	总账科目	明细科目	√	借方金额									贷方金额								
				百	十	万	千	百	十	元	角	分	百	十	万	千	百	十	元	角	分
合　计																					

财务主管 ×××　　　　　　记账 ×××　　　　　　复核 ×××　　　　　　制单 ×××

附件　张

表 6-34

记 账 凭 证

年　月　日　　　　　　　　记字第　号

摘要	总账科目	明细科目	√	借方金额									贷方金额								
				百	十	万	千	百	十	元	角	分	百	十	万	千	百	十	元	角	分
合　计																					

附件　张

财务主管 ×××　　　　记账 ×××　　　　复核 ×××　　　　制单 ×××

项目七 财 产 清 查

思维导图

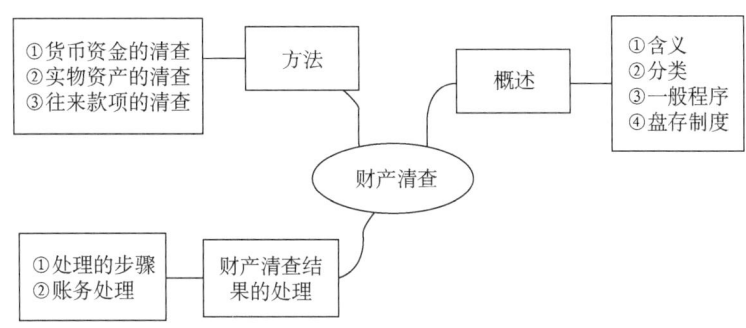

模拟训练

一、单项选择题

1. 财产物资的经管人员发生变动时,应对其经管的那部分财产进行清查,这种清查属于(   )。

   A. 全面清查和不定期清查   B. 全面清查和定期清查

   C. 局部清查和不定期清查   D. 局部清查和定期清查

2. "待处理财产损溢"账户的贷方余额表示(   )。

   A. 发生的待处理财产盘亏、毁损数

   B. 转销已批准处理的财产盘盈数

   C. 尚待批准处理的财产盘亏、毁损数大于尚待批准处理的财产盘盈数的差额

   D. 尚待批准处理的财产盘盈数大于尚待批准处理的财产盘亏、毁损数的差额

3. 对于应收账款进行清查应采用的方法是(   )。

   A. 技术推算法   B. 发函询证核对法

   C. 抽查法   D. 实地盘点法

4. 在银行存款清查中发现的未达账项,应编制(   )来检查调整后的余额是否相等。

   A. 实存账存对比表   B. 盘存单

   C. 银行存款余额调节表   D. 对账单

5. 盘盈的固定资产,一般应记入(　　)账户。

　　A. "其他业务收入"　　　　　　　　B. "以前年度损益调整"

　　C. "营业外收入"　　　　　　　　　D. "本年利润"

6. 下列说法中,正确的是(　　)。

　　A. 库存现金应该每日清点一次

　　B. 银行存款每月至少同银行核对两次

　　C. 贵重物资每天应盘点一次

　　D. 债权债务每年至少核对两至三次

7. 某企业上期发生原材料盘亏,现查明原因属于自然灾害,经批准后,会计人员应编制的会计分录为(　　)。

　　A. 借:待处理财产损溢　　　　　　B. 借:管理费用
　　　　贷:原材料　　　　　　　　　　　贷:待处理财产损溢

　　C. 借:营业外支出　　　　　　　　D. 借:待处理财产损溢
　　　　贷:待处理财产损溢　　　　　　　贷:管理费用

8. "账存实存对比表"是一种(　　)。

　　A. 备查账簿　　　　　　　　　　B. 会计账簿

　　C. 原始凭证　　　　　　　　　　D. 记账凭证

9. 财产清查中发现账外机器一台,其市场价格为 80 000 元,估计六成新,则该固定资产的入账价值为(　　)元。

　　A. 80 000　　　B. 48 000　　　C. 12 800　　　D. 32 000

10. 库存现金清查的方法是(　　)。

　　A. 技术推算法　　　　　　　　　B. 实地盘点法

　　C. 发函询证法　　　　　　　　　D. 核对账目法

11. 对于大量堆积的煤炭的清查,一般采用(　　)方法进行清查。

　　A. 技术推算盘点　　　　　　　　B. 抽查检验

　　C. 查询核对　　　　　　　　　　D. 实地盘点

12. 采用实地盘存制,平时账簿记录中不能反映(　　)。

　　A. 财产物资的盘盈数　　　　　　B. 财产物资的减少数

　　C. 财产物资的增加数　　　　　　D. 财产物资的增加数和减少数

13. 一般来说,在企业撤销、合并和改变隶属关系时,应对财产进行(　　)。

　　A. 定期清查　　　　　　　　　　B. 局部清查

　　C. 全面清查　　　　　　　　　　D. 实地盘点

14. 在企业与银行双方记账无误的情况下,银行存款日记账与银行对账单余额不一致是由于存在(　　)。

　　A. 应付账款　　　　　　　　　　B. 未达账项

　　C. 其他货币资金　　　　　　　　D. 应收账款

15. 库存现金盘点时发现短缺,则应借记的会计科目是( )。

    A. "其他应付款"   B. "待处理财产损溢"

    C. "其他应收款"   D. "库存现金"

16. 在实际工作中,企业一般以( )作为财产物资的盘存制度。

    A. 永续盘存制   B. 收付实现制

    C. 实地盘存制   D. 权责发生制

17. 对财产清查结果进行正确账务处理的主要目的是保证( )。

    A. 账实相符   B. 账表相符

    C. 账证相符   D. 账账相符

18. 下列项目中,清查时应采用实地盘点法的是( )。

    A. 固定资产   B. 银行存款

    C. 应付账款   D. 应收账款

19. 对盘亏的固定资产净损失经批准后可记入( )账户的借方。

    A. "管理费用"   B. "生产成本"

    C. "营业外支出"   D. "制造费用"

20. 对实物资产进行清查盘点时,( )必须在场。

    A. 单位领导   B. 记账人员

    C. 会计主管   D. 实物保管员

21. 在财产清查中,实物盘点的结果应如实登记在( )中。

    A. 盘存单   B. 账存实存对比表

    C. 对账单   D. 盘盈盘亏报告表

22. 对企业与其开户银行之间的未达账项,进行账务处理的时间是( )。

    A. 收到银行对账单时   B. 实际收到有关结算凭证时

    C. 编好银行存款余额调节表时   D. 查明未达账项时

23. 财产清查是用来检查( )的一种专门方法。

    A. 账表是否相符   B. 账证是否相符

    C. 账实是否相符   D. 账账是否相符

24. 库存现金清查汇总,对无法查明原因的长款,经批准应记入( )会计科目。

    A. "其他应付款"   B. "营业外收入"

    C. "管理费用"   D. "其他应收款"

25. 在财产清查中发现盘亏一台设备,其账面原值为 80 000 元,已提折旧 20 000 元,则该企业记入"待处理财产损溢"账户的金额为( )元。

    A. 20 000   B. 60 000   C. 100 000   D. 80 000

26. 月末企业银行存款日记账余额为 180 000 元,银行对账单余额为 170 000 元,经过未达账项调节后的余额为 160 000 元,则对账日企业可以动用的银行存款实有数额为( )元。

A. 170 000   B. 160 000   C. 180 000   D. 不能确定

27. 下列情况下,应进行局部清查的是(   )。

    A. 年终决算前   B. 单位撤销、合并

    C. 更换实物保管员   D. 单位改制

二、多项选择题

1. 采用技术推算法清查的实物资产应具备的特点有(   )。

    A. 数量大   B. 不便于用计量器具计量

    C. 价值低   D. 逐一清点有困难

2. 下列关于银行存款余额调节表的说法中,正确的有(   )。

    A. 银行存款余额调节表不能够作为调整本单位银行存款日记账记录的原始凭证

    B. 调节后的余额表示企业可以实际动用的银行存款数额

    C. 银行存款余额调节表是更正本单位银行存款日记账记录的依据

    D. 银行存款余额调节表是通知银行更正错误的依据

3. 下列关于永续盘存制的表述中,正确的有(   )。

    A. 账面随时反映财产物资的收入、发出和结余数额

    B. 对各项财产物资的增加数和减少数,平时要根据会计凭证登记账簿

    C. 财产物资品种繁杂的企业,其明细分类核算工作量较大

    D. 平时在账簿中只登记财产物资的增加数,不登记减少数

4. 企业编制银行存款余额调节表,在调整银行存款日记账余额时,应考虑的情况有(   )。

    A. 企业已付、银行未付   B. 银行已收、企业未收

    C. 银行已付、企业未付   D. 企业已收、银行未收

5. 下列情况中,会使企业银行存款日记账的余额小于银行对账单余额的有(   )。

    A. 银行已收而企业未收   B. 企业已收而银行未收

    C. 银行已付而企业未付   D. 企业已付而银行未付

6. 单位年终决算时进行的清查属于(   )。

    A. 定期清查   B. 全面清查

    C. 不定期清查   D. 局部清查

7. 下列资产中,可以采用实地盘点法进行清查的有(   )。

    A. 固定资产   B. 库存现金

    C. 银行存款   D. 原材料

8. 按财产清查的范围和时间的不同,可将财产清查分为(   )。

    A. 全面定期清查   B. 局部定期清查

    C. 全面不定期清查   D. 局部不定期清查

9. 下列账户中,与"待处理财产损溢"账户借方发生对应关系的有(   )。

A. "原材料"　　　　　　　　　　　B. "应收账款"

C. "营业外收入"　　　　　　　　　D. "固定资产"

10. 银行存款日记账余额与银行对账单余额不一致,原因可能包括(　　　)。

A. 银行存款日记账有误　　　　　B. 存在未达款项

C. 存在未付款项　　　　　　　　D. 银行记账有误

11. 常用的实物资产清查方法包括(　　　)。

A. 技术推算法　　　　　　　　　B. 账目核对法

C. 实地盘点法　　　　　　　　　D. 函证核对法

12. 下列业务中,需要通过"待处理财产损溢"账户核算的有(　　　)。

A. 库存现金丢失　　　　　　　　B. 应收账款无法收回

C. 原材料盘亏　　　　　　　　　D. 发现账外固定资产

13. 下列情形中,需要对财产物资进行不定期局部清查的有(　　　)。

A. 发生非常灾害造成财产物资损失时

B. 企业改变隶属关系时

C. 库存现金、财产物资保管人员更换时

D. 企业进行清查核资时

14. 下列各项中,属于财产物资盘存制度的有(　　　)。

A. 实地盘存制　　　　　　　　　B. 收付实现制

C. 权责发生制　　　　　　　　　D. 永续盘存制

15. 下列情形中,可能造成账实不符的有(　　　)。

A. 管理不善　　　　　　　　　　B. 财产收发计量或检验不准

C. 账簿记录发生差错　　　　　　D. 未达账项

三、判断题

1. 未达账项仅仅是指企业未收到凭证而未入账的款项。　　　　　　　　　　(　　)

2. 对于盘盈或盘亏的财产物资,需在期末结账前处理完毕,如在期末结账前尚未经批准处理的,等批准后进行处理。　　　　　　　　　　　　　　　　　　　　　(　　)

3. 经批准转销固定资产盘亏净损失时,账务处理应借记"营业外支出"账户,贷记"固定资产清理"账户。　　　　　　　　　　　　　　　　　　　　　　　　　　(　　)

4. 定期财产清查一般在结账以后进行。　　　　　　　　　　　　　　　　(　　)

5. 永续盘存制采用以耗计存或以消计存,一般适用于一些价值低、品种杂、进出频繁的商品或材料物资。　　　　　　　　　　　　　　　　　　　　　　　　(　　)

6. 无论采用哪种盘存制度,都应对财产物资进行定期或不定期的清查盘点,但清查的目的和作用是不同的。　　　　　　　　　　　　　　　　　　　　　　(　　)

7. 库存现金清查包括出纳人员每日终了前进行的库存现金账款核对和清查小组进行的定期或不定期的现金盘点、核对。清查小组清查时,出纳人员可以不在场。

(　　)

8. 只有在永续盘存制下才可能出现财产的盘盈、盘亏现象。 （　　）

9. 对银行存款进行清查时,如果存在账实不符的现象,肯定是由未达账项引起的。
（　　）

10. 实地盘存制能随时反映存货的收入、发出和结存动态。 （　　）

11. 永续盘存制下,可以通过存货明细账的记录随时结出存货的结存数量,故不需要对存货进行盘点。 （　　）

12. 银行已经付款记账而企业尚未付款记账,会使开户单位银行存款账面余额小于银行对账单的存款余额。 （　　）

13. 转销已批准处理的财产盘盈数登记在"待处理财产损溢"账户的贷方。 （　　）

14. 银行存款余额调节表只是为了核对账目,并不能作为调整银行存款账目余额的原始凭证。 （　　）

15. 企业的银行存款日记账与银行对账单所记的内容是相同的,都反映企业的银行存款的增减变动情况。 （　　）

16. 盘点实物时,发现账面数大于实存数,即为盘盈。 （　　）

17. 先确定期末库存存货成本,后确定本期发出存货成本的方法,称为永续盘存制。
（　　）

18. 对仓库中所有的存货进行的盘点属于全面清查。 （　　）

四、业务题

（一）2024 年 9 月末,某公司银行存款日记账余额为 32 536 元,其开户银行转来对账单的余额为 25 508 元。经逐笔核对,发现有如下未达账项:

（1）公司开出现金支票,金额为 1 500 元,持票人尚未提现。

（2）公司因销售产品收到转账支票一张,金额 9 400 元,尚未到银行办理转账手续。

（3）银行代收外地企业汇来的货款 1 692 元,公司尚未收到收款通知。

（4）银行代公司支付水电费 820 元,公司尚未收到付款通知。

要求:根据上述资料,编制银行存款余额调节表(表 7-1)。

表 7-1　　　　　　　　　　　　　　银行存款余额调节表

编制单位:　　　　　　　　　　年　　月　　日　　　　　　　　　　单位:元

项目	金额	项目	金额
企业银行存款日记账余额		银行对账单余额	
加:银行已收企业未收的款项合计		加:企业已收银行未收的款项合计	
减:银行已付企业未付的款项合计		减:企业已付银行未付的款项合计	
调节后余额		调节后余额	

（二）某公司 2024 年 9 月 30 日进行财产清查,发现下列情况:

（1）库存现金短款 300 元,原因待查。

（2）甲材料盘亏 110 千克,单价 10 元/千克,原因待查。

（3）乙材料毁损 100 千克,单价 20 元/千克,原因待查。

（4）丙材料盘盈 110 千克,单价 30 元/千克,原因待查。

（5）盘亏设备一台,账面原价为 55 000 元,已提折旧 30 000 元,上报待批准。

（6）经审批现金短款属于出纳人员责任,责令由其赔偿,尚未收到赔款。

（7）经审批盘亏的甲材料中 10 千克为定额内合理损耗,其余损失责令保管员赔偿。

（8）经审批毁损的乙材料系暴风雨天气所致,属于非正常损失。

（9）经审批盘盈的丙材料系收发过程中计量不准所致,计入公司当期损益。

（10）经审批盘亏的设备按其净值转作营业外支出。

（11）公司应付某企业货款 3 000 元,因该企业解散而无法支付,经批准转作营业外收入。

（12）公司某职工所欠 300 元现金,因该职工调出公司无法收回,经批准转作坏账损失。

要求:根据上述业务,编制相关记账凭证(表 7-2 至表 7-15)。

表 7-2

记 账 凭 证

年　　月　　日　　　　　　　　　　　　记字第　　号

摘要	总账科目	明细科目	√	借方金额										贷方金额									
				百	十	万	千	百	十	元	角	分		百	十	万	千	百	十	元	角	分
合　计																						

附件

张

财务主管 ×××　　　　　　记账 ×××　　　　　　复核 ×××　　　　　　制单 ×××

表 7-3

记 账 凭 证

年　　月　　日　　　　　　　　　　　　记字第　　号

摘要	总账科目	明细科目	√	借方金额										贷方金额									
				百	十	万	千	百	十	元	角	分		百	十	万	千	百	十	元	角	分
合　计																						

附件

张

财务主管 ×××　　　　　　记账 ×××　　　　　　复核 ×××　　　　　　制单 ×××

表 7-4

记 账 凭 证

年　月　日　　　　　　　　记字第　号

摘要	总账科目	明细科目	√	借方金额									贷方金额								
				百	十	万	千	百	十	元	角	分	百	十	万	千	百	十	元	角	分
合　计																					

附件　张

财务主管 ×××　　　　　记账 ×××　　　　　复核 ×××　　　　　制单 ×××

表 7-5

记 账 凭 证

年　月　日　　　　　　　　记字第　号

摘要	总账科目	明细科目	√	借方金额									贷方金额								
				百	十	万	千	百	十	元	角	分	百	十	万	千	百	十	元	角	分
合　计																					

附件　张

财务主管 ×××　　　　　记账 ×××　　　　　复核 ×××　　　　　制单 ×××

表 7-6

记 账 凭 证

年　月　日　　　　　　　　记字第　号

摘要	总账科目	明细科目	√	借方金额									贷方金额								
				百	十	万	千	百	十	元	角	分	百	十	万	千	百	十	元	角	分
合　计																					

附件　张

财务主管 ×××　　　　　记账 ×××　　　　　复核 ×××　　　　　制单 ×××

表 7-7

记 账 凭 证
年 月 日　　　　　　　　记字第 号

摘要	总账科目	明细科目	√	借方金额									贷方金额									附件
				百	十	万	千	百	十	元	角	分	百	十	万	千	百	十	元	角	分	
																						张
合　计																						

财务主管 ×××　　　　　记账 ×××　　　　　复核 ×××　　　　　制单 ×××

表 7-8

记 账 凭 证
年 月 日　　　　　　　　记字第 号

摘要	总账科目	明细科目	√	借方金额									贷方金额									附件
				百	十	万	千	百	十	元	角	分	百	十	万	千	百	十	元	角	分	
																						张
合　计																						

财务主管 ×××　　　　　记账 ×××　　　　　复核 ×××　　　　　制单 ×××

表 7-9

记 账 凭 证
年 月 日　　　　　　　　记字第 号

摘要	总账科目	明细科目	√	借方金额									贷方金额									附件
				百	十	万	千	百	十	元	角	分	百	十	万	千	百	十	元	角	分	
																						张
合　计																						

财务主管 ×××　　　　　记账 ×××　　　　　复核 ×××　　　　　制单 ×××

表 7-10

记 账 凭 证

年　月　日　　　　　　　　　　　记字第　号

摘要	总账科目	明细科目	√	借方金额									贷方金额								
				百	十	万	千	百	十	元	角	分	百	十	万	千	百	十	元	角	分
合　计																					

附件　张

财务主管 ×××　　　　　记账 ×××　　　　　复核 ×××　　　　　制单 ×××

表 7-11

记 账 凭 证

年　月　日　　　　　　　　　　　记字第　号

摘要	总账科目	明细科目	√	借方金额									贷方金额								
				百	十	万	千	百	十	元	角	分	百	十	万	千	百	十	元	角	分
合　计																					

附件　张

财务主管 ×××　　　　　记账 ×××　　　　　复核 ×××　　　　　制单 ×××

表 7-12

记 账 凭 证

年　月　日　　　　　　　　　　　记字第　号

摘要	总账科目	明细科目	√	借方金额									贷方金额								
				百	十	万	千	百	十	元	角	分	百	十	万	千	百	十	元	角	分
合　计																					

附件　张

财务主管 ×××　　　　　记账 ×××　　　　　复核 ×××　　　　　制单 ×××

表 7-13

记 账 凭 证

年　月　日　　　　　　　　　　　记字第　号

摘要	总账科目	明细科目	√	借方金额									贷方金额								
				百	十	万	千	百	十	元	角	分	百	十	万	千	百	十	元	角	分
合　计																					

财务主管 ×××　　　　　记账 ×××　　　　　复核 ×××　　　　　制单 ×××

附件　张

表 7-14

记 账 凭 证

年　月　日　　　　　　　　　　　记字第　号

摘要	总账科目	明细科目	√	借方金额									贷方金额								
				百	十	万	千	百	十	元	角	分	百	十	万	千	百	十	元	角	分
合　计																					

财务主管 ×××　　　　　记账 ×××　　　　　复核 ×××　　　　　制单 ×××

附件　张

表 7-15

记 账 凭 证

年　月　日　　　　　　　　　　　记字第　号

摘要	总账科目	明细科目	√	借方金额									贷方金额								
				百	十	万	千	百	十	元	角	分	百	十	万	千	百	十	元	角	分
合　计																					

财务主管 ×××　　　　　记账 ×××　　　　　复核 ×××　　　　　制单 ×××

附件　张

项目八　财务会计报告

思维导图

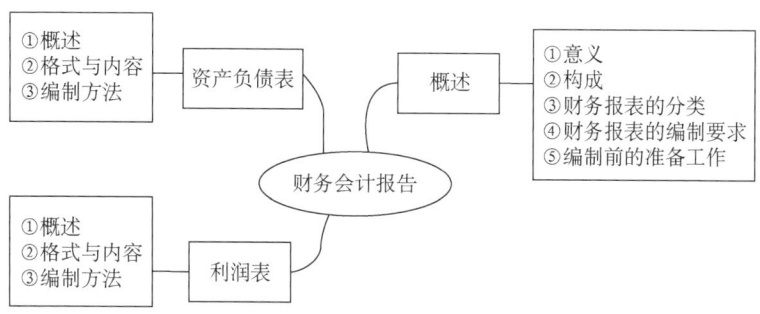

模拟训练

一、单项选择题

1. 下列各项中,不会引起利润总额增减变化的是(　　)。

　A. 销售费用　　　　　　　　　　B. 管理费用

　C. 所得税费用　　　　　　　　　D. 营业外支出

2. 下列关于资产负债表格式的说法中,不正确的是(　　)。

　A. 资产负债表主要有账户式和报告式

　B. 我国的资产负债表采用报告式

　C. 账户式资产负债表分为左、右两方,左方为资产,右方为负债和所有者权益

　D. 负债和所有者权益按照求偿权的先后顺序排列

3. 企业财务会计报告所提供的信息资料应具有时效性,这是指编制财务会计报告应符合(　　)的要求。

　A. 真实可靠　　　　　　　　　　B. 相关可比

　C. 全面完整　　　　　　　　　　D. 编报及时

4. 在资产负债表中,资产是按照(　　)排列的。

　A. 清偿时间的先后顺序　　　　　B. 会计人员的填写习惯

　C. 金额大小　　　　　　　　　　D. 流动性大小

5. 多步式利润表中的利润总额是以(　　　)为基础来计算的。

    A. 营业收入　　　　　　　　　　　B. 营业成本

    C. 投资收益　　　　　　　　　　　D. 营业利润

6. 以"资产＝负债＋所有者权益"这一会计等式作为编制依据的财务报表是(　　　)。

    A. 利润表　　　　　　　　　　　　B. 所有者权益变动表

    C. 资产负债表　　　　　　　　　　D. 现金流量表

7. 下列各项中,不应列示在资产负债表的流动资产部分的是(　　　)。

    A. 货币资金　　　　　　　　　　　B. 应收账款

    C. 预付账款　　　　　　　　　　　D. 在建工程

8. 编制财务报表时,以"收入－费用＝利润"这一会计等式作为编制依据的财务报表是(　　　)。

    A. 利润表　　　　　　　　　　　　B. 所有者权益变动表

    C. 资产负债表　　　　　　　　　　D. 现金流量表

9. 资产负债表的下列项目中,需要根据几个总账科目的期末余额进行汇总填列的是(　　　)。

    A. 应付职工薪酬　　　　　　　　　B. 短期借款

    C. 货币资金　　　　　　　　　　　D. 资本公积

10. "应收账款"科目所属明细科目如有贷方余额,应在资产负债表(　　　)项目中反映。

    A. "预付账款"　　　　　　　　　　B. "预收账款"

    C. "应收账款"　　　　　　　　　　D. "应付账款"

11. 反映企业某一特定日期财务状况的会计报表是(　　　)。

    A. 资产负债表　　　　　　　　　　B. 现金流量表

    C. 基本会计报表　　　　　　　　　D. 基本会计报表及附注

12. 下列各项中,不属于财务会计报告基本要求的是(　　　)。

    A. 真实可靠　　　B. 合法实用　　　C. 编报及时　　　D. 便于理解

13. 某日,大华公司的负债为 7 455 万元、非流动资产合计为 4 899 万元、所有者权益合计为 3 000 万元,则当日该公司的流动资产合计应当为(　　　)万元。

    A. 2 556　　　　　B. 4 455　　　　　C. 1 899　　　　　D. 5 556

14. 某企业"原材料"期末余额为 100 000 元,"生产成本"期末余额为 50 000 元,"库存商品"期末余额为 120 000 元,"存货跌价准备"期末余额为 10 000 元,则资产负债表"存货"项目应填列的是(　　　)元。

    A. 300 000　　　　B. 260 000　　　　C. 280 000　　　　D. 270 000

15. 将分散的零星的日常会计资料归纳整理为更集中、更系统、更概括的会计资料,以总括反映企业财务状况和经营成果的方法是(　　　)。

    A. 编制会计凭证　　　　　　　　　B. 编制记账凭证

    C. 编制会计报表　　　　　　　　　D. 登记会计账簿

二、多项选择题

1. 资产负债表中"应收账款"项目应根据（　　　）之和减去"坏账准备"账户中有关应收账款计提的坏账准备期末余额填列。

　　A. "应收账款"科目所属明细科目的借方余额

　　B. "应收账款"科目所属明细科目的贷方余额

　　C. "应付账款"科目所属明细科目的贷方余额

　　D. "预收账款"科目所属明细科目的借方余额

2. 期末,（　　　）账户的余额应转入"本年利润"账户。

　　A. "主营业务成本" 　　　　　　　　B. "制造费用"

　　C. "管理费用" 　　　　　　　　　　D. "投资收益"

3. 下列账户中,可能影响资产负债表中"预付款项"项目金额的有（　　　）。

　　A. "预收账款" 　　　　　　　　　　B. "应收账款"

　　C. "应付账款" 　　　　　　　　　　D. "预付账款"

4. 下列等式中,正确的有（　　　）。

　　A. 资产＝负债＋所有者权益

　　B. 营业利润＝主营业务收入＋其他业务收入－主营业务成本－其他业务成本＋投资收益＋公允价值变动收益

　　C. 利润总额＝营业利润＋营业外收入－营业外支出

　　D. 净利润＝利润总额－所得税费用

5. 下列各项中,属于财务会计报告使用者的有（　　　）。

　　A. 投资者

　　B. 债权人

　　C. 政府及相关机构

　　D. 企业管理人员、职工和社会公众等

6. 利润表中的"营业成本"项目填列的依据有（　　　）。

　　A. "营业外支出"发生额

　　B. "主营业务成本"发生额

　　C. "其他业务成本"发生额

　　D. "税金及附加"发生额

7. 编制资产负债表时,需根据有关总账科目期末余额分析、计算填列的项目有（　　　）。

　　A. "货币资金" 　　　　　　　　　　B. "预付款项"

　　C. "存货" 　　　　　　　　　　　　D. "短期借款"

8. 资产负债表中的"存货"项目反映的内容包括（　　　）。

　　A. 发出商品 　　　　　　　　　　　B. 材料成本差异

　　C. 委托加工物资 　　　　　　　　　D. 生产成本

9. 借助利润表提供的信息,可以帮助管理者（　　　）。

A. 分析企业资产的结构及其状况　　　B. 分析企业的债务偿还能力

C. 分析企业的获利能力　　　　　　　D. 分析企业利润的未来发展趋势

10. 企业财务会计报表按其编报的时间不同,分为(　　)。

　　A. 半年度报表　　　　　　　　　　B. 月度报表

　　C. 季度报表　　　　　　　　　　　D. 年度报表

三、判断题

1. 利润表中"营业成本"项目,反映企业销售产品和提供劳务等主要经营业务的各项销售费用和实际成本。　　　　　　　　　　　　　　　　　　　　　　　　(　　)

2. 资产负债表中"固定资产"项目应根据"固定资产"账户余额减去"累计折旧""固定资产减值准备"等账户的期末余额后的金额填列。　　　　　　　　　　　　(　　)

3. 损益类科目用于核算收入、费用、成本的发生和归集,提供一定期间与损益相关的会计信息的会计科目。　　　　　　　　　　　　　　　　　　　　　　　　(　　)

4. 营业利润是以主营业务利润为基础,加上其他业务利润,减去销售费用、管理费用和财务费用,再加上营业外收入减去营业外支出计算出来的。　　　　　　　(　　)

5. 一套完整的财务报表至少应当包括资产负债表、利润表、现金流量表、所有者权益变动表和附注等部分。　　　　　　　　　　　　　　　　　　　　　　　　(　　)

6. 资产负债表是总括反映企业特定日期资产、负债和所有者权益情况的动态报表,通过它可以了解企业的资产构成、资金的来源构成和企业债务的偿还能力。　(　　)

7. "制造费用"和"管理费用"都应当在期末转入"本年利润"账户。　　　　　(　　)

8. 在企业财务会计报告体系中,最核心的内容是会计报表。　　　　　　　　(　　)

9. 资产负债表中"货币资金"项目,应根据"银行存款"账户的期末余额填列。　(　　)

10. 营业利润减去管理费用、销售费用、财务费用和所得税费用后得到净利润。(　　)

11. 利润表是反映企业一定日期经营成果的财务报表。　　　　　　　　　　　(　　)

12. 资产负债表中资产项目至少包括流动资产项目、长期投资项目和固定资产项目。

(　　)

13. 利润表中收入类项目大多是根据收入类账户期末结转前借方发生额减去贷方发生额后的差额填列,若差额为负数,则以"—"号填列。　　　　　　　　　　(　　)

14. 季度、月度财务会计报告通常仅指财务报表,至少应该包括资产负债表、利润表和现金流量表。　　　　　　　　　　　　　　　　　　　　　　　　　　　(　　)

15. 账户式资产负债表分左、右两方,左方为资产项目,一般按照流动性大小排列;右方为负债及所有者权益项目,一般按要求偿还的时间先后顺序排列。　　　(　　)

四、业务题

(一) 练习资产负债表的编制

某公司 2024 年 12 月 31 日有关科目的期末余额如表 8-1 所示。

表 8-1　　　　　　　　　　　科目余额表

2024 年 12 月 31 日　　　　　　　　　　　　　单位:元

账户名称	借方余额	贷方余额
库存现金	3 560	
银行存款	800 000	
其他货币资金	84 000	
交易性金融资产	18 000	
应收票据	295 200	
应收账款——A 企业	400 000	
——B 企业		40 000
坏账准备		10 800
预付账款——C 企业	130 000	
——D 企业		10 000
其他应收款	6 000	
原材料	2 000 000	
周转材料	336 000	
库存商品	760 000	
生产成本	120 000	
长期股权投资	560 000	
长期股权投资减值准备		100 000
固定资产	1 809 720	
累计折旧		400 000
固定资产减值准备		80 000
在建工程	158 000	
在建工程减值准备		8 000
研发支出——资本化支出	30 000	
长期待摊费用	78 800	
无形资产	1 160 000	
无形资产减值准备		200 000
短期借款		360 000
应付票据		240 000
应付账款——E 企业	20 000	
——F 企业		360 000
预收账款——G 企业		4 960
——H 企业	400	

(续表)

账户名称	借方余额	贷方余额
其他应付款		260 000
应付职工薪酬		392 000
应交税费		36 000
长期借款		1 807 920
其中:一年内到期的长期借款		200 000
实收资本		4 045 000
盈余公积		160 000
未分配利润		255 000

要求:根据上述资料,编制该公司 2024 年的资产负债表(表 8-2)。

表 8-2　　　　　　　　　　　　　资产负债表

编制单位:　　　　　　　　　　年　　月　　日　　　　　　　　单位:元

资　　产	期末余额	上年年末余额	负债和所有者权益(或股东权益)	期末余额	上年年末余额
流动资产:			流动负债:		
货币资金			短期借款		
交易性金融资产			交易性金融负债		
衍生金融资产			衍生金融负债		
应收票据			应付票据		
应收账款			应付账款		
应收款项融资			预收款项		
预付款项			合同负债		
其他应收款			应付职工薪酬		
存货			应交税费		
合同资产			其他应付款		
持有待售资产			持有待售负债		
一年内到期的非流动资产			一年内到期的非流动负债		
其他流动资产			其他流动负债		
流动资产合计			流动负债合计		
非流动资产:			非流动负债:		

资　产	期末余额	上年年末余额	负债和所有者权益（或股东权益）	期末余额	上年年末余额
债权投资			长期借款		
其他债权投资			应付债券		
长期应收款			其中:优先股		
长期股权投资			永续债		
其他权益工具投资			租赁负债		
其他非流动金融资产			长期应付款		
投资性房地产			预计负债		
固定资产			递延收益		
在建工程			递延所得税负债		
生产性生物资产			其他非流动负债		
油气资产			非流动负债合计		
使用权资产			负债合计		
无形资产			所有者权益(或股东权益)		
开发支出			实收资本(或股本)		
商誉			其他权益工具		
长期待摊费用			其中:优先股		
递延所得税资产			永续债		
其他非流动资产			资本公积		
非流动资产合计			减:库存股		
			其他综合收益		
			专项储备		
			盈余公积		
			未分配利润		
			所有者权益(或股东权益)合计		
资产总计			负债和所有者权益(或股东权益)总计		

（二）练习利润表的编制

某公司 2024 年年末有关损益类科目发生额资料如表 8-3 所示。

表 8-3 　　　　　　　　　　　　　2024 年年末有关损益类科目发生额　　　　　　　　　单位:元

账户名称	借方发生额	贷方发生额
主营业务收入	40 000	3 980 000
主营业务成本	1 260 000	12 800
税金及附加	260 000	
销售费用	130 000	
管理费用	100 000	
财务费用 　其中:利息费用 　利息收入	290 000 340 000	 50 000
资产减值损失	120 000	
公允价值变动损益	900 000	
其他业务收入		238 800
其他业务成本	300 000	
投资收益	200 000	900 000
营业外收入		200 000
营业外支出	80 000	
所得税费用	412 900	

要求:根据上述资料,编制该公司 2024 年度的利润表(表 8-4)。

表 8-4 　　　　　　　　　　　　　　　　利　润　表

编制单位:　　　　　　　　　　　　　　2024 年 12 月　　　　　　　　　　　　　单位:元

项　目	本期金额	上期金额
一、营业收入		
减:营业成本		
税金及附加		
销售费用		
管理费用		
财务费用		
其中:利息费用		
利息收入		

项　　目	本期金额	上期金额
加:其他收益		
投资收益(损失以"一"号填列)		
公允价值变动收益(损失以"一"号填列)		
资产减值损失(损失以"一"号填列)		
二、营业利润(亏损以"一"号填列)		
加:营业外收入		
减:营业外支出		
三、利润总额(亏损总额以"一"号填列)		
减:所得税费用		
四、净利润(净亏损以"一"号填列)		

项目九　账务处理程序

思维导图

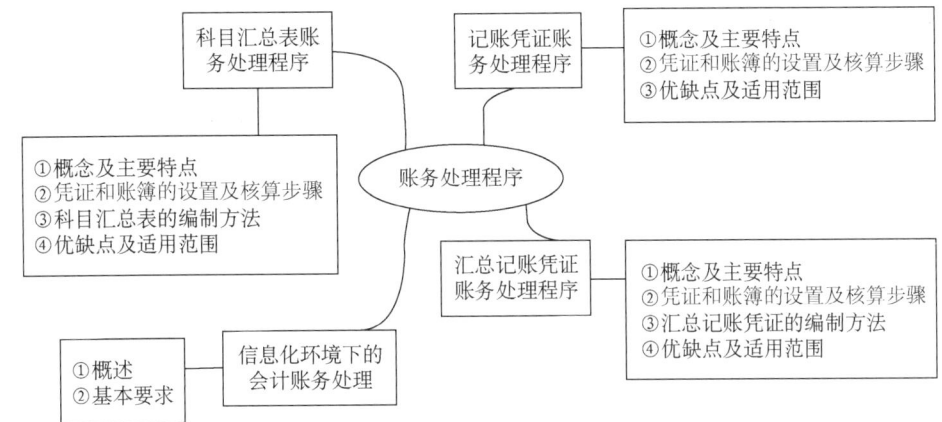

模拟训练

一、单项选择题

1. 科目汇总表定期汇总的是每一账户的(　　)。

   A. 本期贷方发生额　　　　　　　　B. 本期借方发生额

   C. 本期借、贷方余额　　　　　　　D. 本期借、贷方发生额

2. 采用记账凭证汇总表账务处理程序,(　　)是其登记总账的直接依据。

   A. 记账凭证　　　　　　　　　　　B. 科目汇总表

   C. 原始凭证　　　　　　　　　　　D. 汇总记账凭证

3. 下列各项中,属于科目汇总表账务处理程序缺点的是(　　)。

   A. 增加了会计核算的工作量　　　　B. 不便于进行试算平衡

   C. 不便于检查核对账目　　　　　　D. 增加了登记总分类账的工作量

4. 汇总转账凭证编制的依据是(　　)。

   A. 付款凭证　　　　　　　　　　　B. 收款凭证

   C. 原始凭证　　　　　　　　　　　D. 转账凭证

5. 下列凭证中,不能作为登记总分类账依据的是(   )。

    A. 汇总记账凭证   B. 科目汇总表

    C. 原始凭证   D. 记账凭证

6. 汇总转账凭证是按(   )科目设置。

    A. 借方或贷方   B. 贷方   C. 借方和贷方   D. 借方

7. 适用于规模较小、业务量不多的单位的账务处理程序是(   )。

    A. 多栏式日记账账务处理程序   B. 汇总记账凭证账务处理程序

    C. 记账凭证账务处理程序   D. 科目汇总表账务处理程序

8. 下列各项中,属于汇总记账凭证账务处理程序缺点的是(   )。

    A. 编制汇总转账凭证的工作量较大   B. 不便于进行账目的核对

    C. 登记总账的工作量较大   D. 不便于体现账户之间的对应关系

9. (   )账务处理程序是最基本的一种账务处理程序。

    A. 日记总账   B. 记账凭证

    C. 科目汇总表   D. 汇总记账凭证

10. 平时在填制记账凭证时,应尽量使账户的对应关系保持一借一贷,这是(   )的要求。

    A. 记账凭证账务处理程序   B. 多栏式日记账账务处理程序

    C. 科目汇总表账务处理程序   D. 汇总记账凭证账务处理程序

11. 汇总记账凭证账务处理程序的特点是根据(   )登记总账。

    A. 记账凭证   B. 原始凭证

    C. 汇总记账凭证   D. 科目汇总表

12. 汇总记账凭证是根据(   )编制的。

    A. 原始凭证汇总表   B. 原始凭证

    C. 记账凭证   D. 各种总账

13. 设计账务处理程序是(   )的一项重要内容。

    A. 会计制度设计   B. 会计账簿设计

    C. 会计凭证设计   D. 会计报表设计

14. 下列各项中,属于科目汇总表账务处理程序优点的是(   )。

    A. 便于检查核对账目   B. 便于进行试算平衡

    C. 便于反映各账户之间的对应关系   D. 便于进行分工核算

15. 汇总记账凭证账务处理程序与科目汇总表账务处理程序的相同点是(   )。

    A. 记账凭证的汇总方法相同   B. 登记总账的依据相同

    C. 简化了登记总账的工作量   D. 保持了账户之间的对应关系

16. 下列关于科目汇总表账务处理程序的说法中,正确的是(   )。

    A. 编制会计报表的直接依据是科目汇总表

    B. 登记总账的直接依据是科目汇总表

C. 登记总账的直接依据是记账凭证

D. 与记账凭证账务处理程序相比较,增加了一道编制汇总记账凭证的程序

17. 账务处理程序的核心是(　　)。

A. 报表组织　　　　　　　　　　　　B. 账簿组织

C. 凭证组织　　　　　　　　　　　　D. 记账程序

18. 会计报表是根据(　　)资料编制的。

A. 日记账、总分类账和明细分类账　　B. 日记账和明细分类账

C. 日记账和总分类账　　　　　　　　D. 明细账和总分类账

二、多项选择题

1. 下列各项中,属于汇总记账凭证账务处理程序优点的有(　　)。

A. 反映内容详细　　　　　　　　　　B. 简化总分类账登记

C. 手续简便　　　　　　　　　　　　D. 能反映账户之间的对应关系

2. 在常见的账务处理程序中,共同的账务处理工作有(　　)。

A. 均应填制和取得原始凭证　　　　　B. 均应编制记账凭证

C. 均应填制汇总记账凭证　　　　　　D. 均应设置和登记总分类账

3. 在科目汇总表账务处理程序下,记账凭证是用来(　　)的依据。

A. 登记库存现金日记账　　　　　　　B. 登记总分类账

C. 登记明细分类账　　　　　　　　　D. 编制科目汇总表

4. 账务处理程序也称会计核算程序,它是指(　　)相结合的方式。

A. 会计科目　　　　　　　　　　　　B. 会计账簿

C. 会计报表　　　　　　　　　　　　D. 会计凭证

5. 常用的账务处理程序主要有(　　)。

A. 汇总记账凭证账务处理程序　　　　B. 科目汇总表账务处理程序

C. 日记总账账务处理程序　　　　　　D. 记账凭证账务处理程序

6. 下列各项中,可以根据记账凭证汇总编制的有(　　)。

A. 汇总付款凭证　　　　　　　　　　B. 发出材料汇总表

C. 汇总转账凭证　　　　　　　　　　D. 科目汇总表

7. 在汇总记账凭证账务处理程序下,月末应与总账核对的内容有(　　)。

A. 会计报表　　　　　　　　　　　　B. 记账凭证

C. 明细账　　　　　　　　　　　　　D. 银行存款日记账

8. 账簿组织包括(　　)。

A. 账簿的格式　　　　　　　　　　　B. 账簿之间的关系

C. 账户的名称　　　　　　　　　　　D. 账簿的种类

9. 下列账务处理程序类型中,适用于生产经营规模较大、业务量较多企业的有(　　)。

A. 记账凭证账务处理程序　　　　　　B. 科目汇总表账务处理程序

C. 汇总记账凭证账务处理程序　　　　D. 多栏式日记账账务处理程序

10. 下列项目中,属于科学、合理地选择适用于本单位的账务处理程序的意义有(　　　)。

A. 有利于提高会计信息的质量

B. 有利于增强会计信息的可靠性

C. 有利于保证会计信息的及时性

D. 有利于会计工作程序的规范化

11. 下列关于记账凭证汇总表的说法中,正确的有(　　　)。

A. 记账凭证汇总表是一种记账凭证

B. 记账凭证汇总表能起到试算平衡的作用

C. 可以简化总账的登记工作

D. 记账凭证汇总表保留了账户之间的对应关系

12. 在各种账务处理程序下,明细分类账可以根据(　　　)登记。

A. 原始凭证汇总表　　　　　　　　　B. 记账凭证汇总表

C. 记账凭证　　　　　　　　　　　　D. 原始凭证

三、判断题

1. 原始凭证可以作为登记各种账簿的直接依据。　　　　　　　　　　(　　)

2. 同一企业可以同时采用几种不同的账务处理程序。　　　　　　　　(　　)

3. 各个企业的业务性质、组织规模、管理上的要求不同,企业应根据自身的特点,制定出适合的账务处理程序。　　　　　　　　　　　　　　　　　　(　　)

4. 企业不论采用哪种账务处理程序,都必须设置日记账、总账和明细账。　(　　)

5. 各种账务处理程序的共同点之一是编制会计报表的方法不同。　　　　(　　)

6. 汇总记账凭证账务处理程序的缺点在于保持账户之间的对应关系。　　(　　)

7. 科目汇总表的作用与汇总记账凭证相似,但它们的结构不同,填制的方法也不同。　　　　　　　　　　　　　　　　　　　　　　　　　　　(　　)

8. 为了便于编制科目汇总表,平时填制转账凭证时,应尽可能使账户之间保持一借一贷的对应关系。　　　　　　　　　　　　　　　　　　　(　　)

9. 各种账务处理程序的不同之处在于登记明细账的直接依据不同。　　　(　　)

10. 科目汇总表账务处理程序与汇总记账凭证账务处理程序的适用范围是完全相同的。　　　　　　　　　　　　　　　　　　　　　　　　　(　　)

11. 会计报表是根据总分类账、明细分类账和日记账的记录定期编制的。　(　　)

12. 库存现金日记账和银行存款日记账不论在何种账务处理程序下,都是根据收款凭证和付款凭证逐日、逐笔顺序登记的。　　　　　　　　　　　　(　　)

13. 汇总转账凭证按"库存现金""银行存款"账户的借方设置,并按其对应的贷方账户归类汇总。　　　　　　　　　　　　　　　　　　　　　(　　)

14. 科目汇总表账务处理程序只适用于经济业务不太复杂的中小型单位。　(　　)

15. 在各种账务处理程序下,其登记库存现金日记账的直接依据都是相同的。　（　　）

16. 科目汇总表账务处理程序不能反映账户之间的对应关系,因而不便于分析经济业务的来龙去脉,不便于查对账目。　（　　）

17. 账务处理程序就是指记账程序。　（　　）

18. 记账凭证账务处理程序的主要特点是直接根据各种记账凭证登记总账。　（　　）

四、业务题

请以财务部门负责人的身份,根据所学知识,分别设计记账凭证账务处理程序、科目汇总表账务处理程序、汇总记账凭证账务处理程序的流程图,以便公司经理更清楚这三种账务处理程序的优缺点。

1. 记账凭证账务处理程序(图 9-1)。

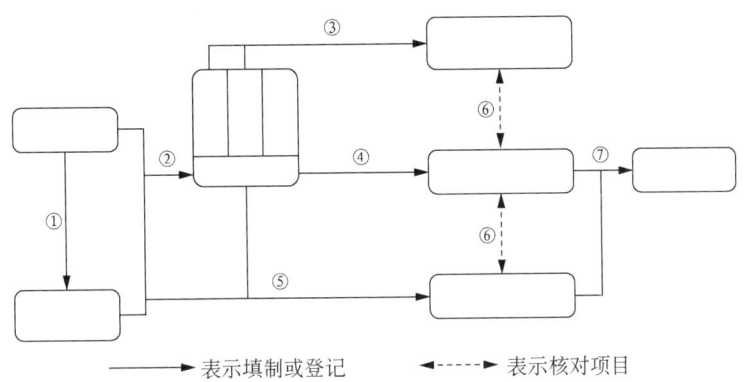

图 9-1　记账凭证账务处理程序

（1）优点：＿＿＿＿＿＿＿＿＿＿＿＿＿＿＿＿＿＿＿＿＿＿＿＿＿＿＿＿＿＿＿＿

（2）缺点：＿＿＿＿＿＿＿＿＿＿＿＿＿＿＿＿＿＿＿＿＿＿＿＿＿＿＿＿＿＿＿＿

2. 科目汇总表账务处理程序(图 9-2)。

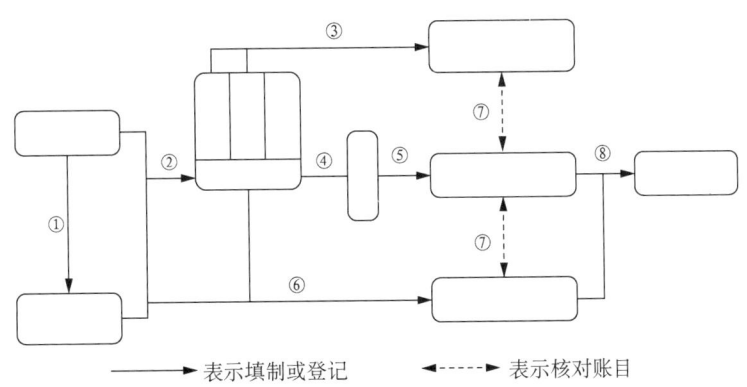

图 9-2　科目汇总表账务处理程序

（1）优点：＿＿＿＿＿＿＿＿＿＿＿＿＿＿＿＿＿＿＿＿＿＿＿＿＿＿＿＿＿＿＿＿

(2) 缺点：_____

3. 汇总记账凭证账务处理程序(图9-3)。

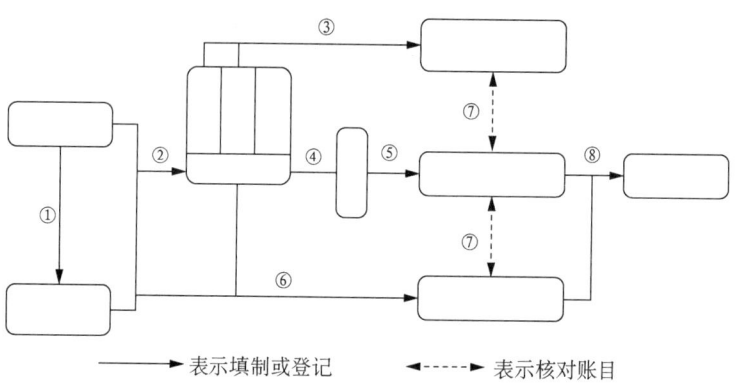

图 9-3　汇总记账凭证账务处理程序

(1) 优点：_____

(2) 缺点：_____

如果公司最后决定采用会计信息化手段,哪些环节需要人工操作,哪些环节由电脑自动完成?

项目十　会计工作组织

思维导图

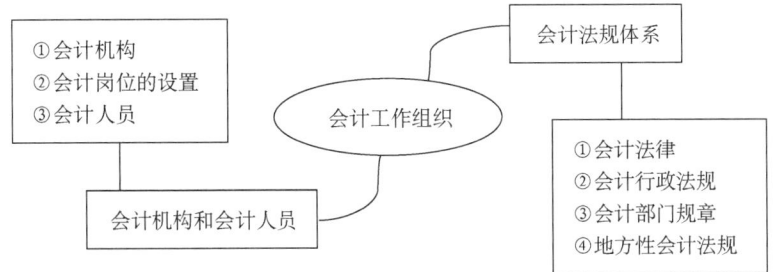

 模拟训练

一、单项选择题

1. 会计法律是由(　　)经过一定的立法程序制定的有关会计工作的法律。

   A. 全国政协及其常委会　　　　　　B. 最高人民法院

   C. 国务院　　　　　　　　　　　　D. 全国人大及其常委会

2. (　　)是我国会计法律规范体系中层次最高、最具有法律效力的法律规范。

   A.《注册会计师法》　　　　　　　　B.《会计法》

   C.《总会计师条例》　　　　　　　　D.《企业财务会计报告条例》

3. 下列选项中,属于会计部门规章的是(　　)。

   A.《企业会计准则》

   B.《会计法》

   C.《广东省会计基础工作规范化管理办法》

   D.《上海市会计专业技术人员继续教育实施办法》

4. 会计人员职称层级分为(　　)。

   A. 初级、中级、副高级和正高级　　　B. 初级、中级和高级

   C. 一级、二级和三级　　　　　　　　D. 甲级、乙级和丙级

二、多项选择题

1. 我国目前有两部会计法律,分别是(   )。
   A. 《会计法》　　　　　　　　　B. 《企业会计制度》
   C. 《企业财务会计报告条例》　　D. 《注册会计师法》

2. 会计部门规章调整会计工作中某些方面内容的国家统一的会计准则和规范性文件,包括(   )。
   A. 国家统一的会计核算制度
   B. 会计监督制度
   C. 会计机构和会计人员管理制度
   D. 会计工作管理制度

3. 我国企业会计准则主要由(   )构成。
   A. 基本准则　　　　　　　　　　B. 具体准则
   C. 一般准则　　　　　　　　　　D. 会计准则应用指南

4. 下列选项中,属于会计工作岗位的有(   )。
   A. 出纳　　　　　　　　　　　　B. 财产物资核算
   C. 成本费用核算　　　　　　　　D. 档案管理

5. 出纳人员不得兼管(   )。
   A. 稽核
   B. 会计档案保管
   C. 债权债务账目的登记工作
   D. 银行对账工作

6. 需要回避的直系亲属有(   )。
   A. 夫妻关系　　　　　　　　　　B. 直系血亲关系
   C. 三代以内旁系血亲　　　　　　D. 配偶关系

7. 下列人员中,需要参加会计继续教育的有(   )。
   A. 具有会计专业技术资格的人员
   B. 具有注册会计师执业资格的人员
   C. 不具有会计专业技术资格但从事会计工作的人员
   D. 不具有注册会计师执业资格但从事审计工作的人员

三、判断题

1. 《会计法》是制定其他会计法规的依据,其他任何会计法律法规都不得与之相违背。
   (   )

2. 目前的《会计法》是 2024 年修正实施的。(   )

3. 会计部门规章的法律地位和法律效力仅次于会计法律,是一种重要的法律形式。
   (   )

4. 《会计基础工作规范》《会计信息化工作规范》都属于会计部门规章。 （　　）

5. 会计准则基本准则在整个准则体系中起统驭作用,指导具体准则的制定和为尚无具
   体准则规范的会计实务问题提供处理原则。 （　　）

6. 会计机构,是指各单位办理会计事务的职能部门,包括代理记账机构。 （　　）

7. 开展会计电算化和管理会计的单位,可以根据需要设置相应工作岗位,但不能与其
   他工作岗位相结合。 （　　）

8. 国家机关、企业、事业单位任用会计人员应当实行回避制度。 （　　）

9. 会计人员从事会计工作,可以不考取相关资格证书。 （　　）

综合模拟试卷一

一、单项选择题(下列各题只有一个正确答案,每题 0.5 分,共 90 题。不选、错选均不得分)

1. 现代会计形成的重要标志是(   )。
    A. 出现了借贷记账法
    B. 成本会计形成
    C. "会计原则"形成
    D. 传统会计分化为财务会计与管理会计

2. 下列各项中,属于非流动负债的是(   )。
    A. 预收账款
    B. 应收账款
    C. 应收票据
    D. 应付债券

3. 科目发生额试算平衡方法是根据(   )来确定的。
    A. 平行登记原则
    B. 借贷记账法的记账规则
    C. 资产＝负债＋所有者权益
    D. 收入－费用＝利润

4. 下列各项中,不能作为会计核算原始凭证的是(   )。
    A. 发货票
    B. 合同书
    C. 入库单
    D. 领料单

5. 会计账簿可按不同的标准进行分类,下列账簿中,属于按用途划分账簿类别的是(   )。
    A. 数量金额式明细账
    B. 活页账
    C. 订本账
    D. 序时账

6. 资产负债表中,"应收账款"项目根据(   )填列。
    A. "应收账款"总分类账户所属各明细分类账户期末贷方余额合计数
    B. "应收账款"总分类账户的期末余额
    C. "应收账款"总分类账户所属各明细分类账户期末借方余额合计数
    D. "应收账款"和"预收账款"两个总分类账户所属各明细账户期末借方余额合计数减去"坏账准备"账户中有关应收账款计提的坏账准备期末余额后的金额

7. 企业编制的某年度 12 月利润表中"本期金额"一栏反映了(   )。
    A. 第 4 季度利润或亏损的形成情况
    B. 12 月份利润或亏损的形成情况
    C. 12 月 31 日利润或亏损的形成情况
    D. 1～12 月累计利润或亏损的形成情况

8. 由企业日常活动所发生的、会导致所有者权益减少的、与向所有者分配利润无关的经济利益的总流出称为（ ）。

    A. 所有者权益   B. 费用

    C. 损失   D. 负债

9. 下列经济业务中,能引起负债内部一增一减的是（ ）。

    A. 以银行存款偿还短期借款   B. 以银行借款直接偿还所欠货款

    C. 以银行存款偿还所欠货款   D. 决定向投资者分配利润

10. 会计科目按其所提供信息的详细程度及其统驭关系不同,分为（ ）。

    A. 一级科目和二级科目   B. 一级科目和明细科目

    C. 总账科目和二级科目   D. 二级科目和三级科目

11. 企业收回以前的销货款存入银行,这笔业务的发生会导致（ ）。

    A. 资产总额不变   B. 资产总额不变,负债增加

    C. 资产总额减少   D. 资产与负债同时增加

12. 下列关于原始凭证填制的说法中,错误的是（ ）。

    A. 对外开出的原始凭证必须加盖本单位公章

    B. 凭证填写的手续必须完备,符合内部填制要求

    C. 原始凭证在填写的时候可以将错误凭证撕毁,重新编制一张

    D. 需要填一式数联的凭证,各联内容应当相同

13. 下列关于账户及其基本结构的表述中,不正确的是（ ）。

    A. 账户是根据会计科目设置的,具有一定格式和结构

    B. 设置账户是会计核算的重要方法之一

    C. 每一账户的核算内容都具有独立性和排他性

    D. 实际工作中,对会计科目和账户应严格区分,不能相互通用

14. 汇总记账凭证账务处理程序的特点是根据记账凭证编制（ ）。

    A. 汇总记账凭证   B. 日记账

    C. 明细分类账   D. 总分类账

15. 在一定时期内连续记录若干项同类经济业务的会计凭证是（ ）。

    A. 记账凭证   B. 一次凭证

    C. 原始凭证   D. 累计凭证

16. 记账凭证的填制是由（ ）完成的。

    A. 主管人员   B. 出纳人员

    C. 会计人员   D. 经办人员

17. 年末结转后,"利润分配"科目的贷方余额表示（ ）。

    A. 历年累计净利润   B. 历年累计未分配利润

    C. 历年累计未弥补亏损   D. 历年累计利润总额

18. 下列各项中,不属于收入要素内容的是（ ）。

A. 固定资产处置净收益   B. 提供劳务取得的收入

C. 销售商品取得的收入   D. 出租固定资产取得的收入

19. 下列项目中,对企业利润总额没有影响的是( )。

  A. 投资收益   B. 营业外支出

  C. 资产减值损失   D. 所得税费用

20. 复式记账法是以( )为记账基础的一种记账方法。

  A. 试算平衡   B. 资产和权益平衡关系

  C. 会计科目   D. 经济业务

21. 在原始凭证上书写阿拉伯数字时,错误的做法是( )。

  A. 金额数字前书写货币币种符号

  B. 币种符号与金额数字之间要留有空白

  C. 币种符号与金额数字之间不得留有空白

  D. 数字前写有币种符号的,数字后不再写货币单位

22. 下列关于日记账的说法中,不正确的是( )。

  A. 现金日记账和银行存款日记账由出纳人员负责登记

  B. 现金日记账和银行存款日记账,应该定期与会计人员登记的现金总账和银行存款总账核对

  C. 银行存款日记账应该定期或者不定期与开户银行提供的对账单进行核对,每月至少核对三次

  D. 现金日记账应逐日逐笔登记

23. 按现行的会计制度规定,下列项目中属于会计科目的是( )。

  A. "利润分配"   B. "投入资本"

  C. "应付购货款"   D. "现金"

24. 下列明细分类账中,一般不宜采用三栏式账页格式的是( )。

  A. 应收账款明细账   B. 实收资本明细账

  C. 原材料明细账   D. 应付账款明细账

25. 在入账前发现记账凭证有文字或数字的错误,应采用( )。

  A. 重新填制的方法   B. 平行登记法

  C. 红字更正法   D. 划线更正法

26. 下列项目中,属于账证核对内容的是( )。

  A. 总分类账簿与所属明细分类账簿核对

  B. 原始凭证与记账凭证核对

  C. 会计账簿与记账凭证核对

  D. 银行存款日记账与银行对账单核对

27. 界定从事会计工作和提供会计信息的空间范围的会计基本前提是( )。

  A. 会计职能   B. 会计主体

C. 会计内容   D. 会计对账

28. "财务费用"科目按其反映经济内容不同,属于( )类科目。

    A. 资产   B. 所有者权益

    C. 成本   D. 损益

29. 下列账户中,不能转入"本年利润"账户的是( )。

    A. "生产成本"   B. "主营业务成本"

    C. "主营业务收入"   D. "销售费用"

30. 下列事项中,必须由会计人员完成的是( )。

    A. 记账凭证的填制   B. 原始凭证的填制

    C. 销售合同的签订   D. 生产计划的批准

31. 月末企业实际可以动用的银行存款数是( )。

    A. 银行对账单上的余额

    B. 银行存款日记账上的余额

    C. 银行存款余额调节表中调节后的余额

    D. 银行存款余额调节表中调节前的余额

32. 其他单位如果因特殊原因需要使用原始凭证时,经本单位负责人批准,( )。

    A. 可以查阅或复制   B. 可以借阅

    C. 不可以查阅或复制   D. 只可以查阅不能复制

33. 会计核算方法体系的核心是( )。

    A. 登记会计账簿   B. 复式记账

    C. 填制和审核会计凭证   D. 编制会计报表

34. 下列不能与"应付职工薪酬"成为对应科目的是( )。

    A. "生产成本"   B. "销售费用"

    C. "其他应付款"   D. "应收账款"

35. 我国企业会计准则规定,企业的会计核算应当以( )为基础。

    A. 权责发生制   B. 实地盘存制

    C. 永续盘存制   D. 收付实现制

36. 下列经济业务中,会引起资产与负债同时增加的业务是( )。

    A. 企业接受投资人的投资款   B. 企业从银行取得短期借款

    C. 企业用银行存款偿还应付货款   D. 企业从银行提取现金

37. 会计分期是把企业持续经营过程划分为若干个起讫日期较短的会计期间,其起讫日期通常为( )。

    A. 一个会计日度   B. 一个会计月度

    C. 一个会计季度   D. 一个会计年度

38. 下列说法中,正确的是( )。

    A. 生产成本均可以直接计入产品成本

B. 制造费用属于期间费用

C. 狭义的收入指的是营业收入,狭义的费用指的是营业成本

D. 费用表现为企业资产的减少或负债的增加,最终导致企业所有者权益的减少

39. 下列账户中,平时有余额、年终结转后无余额的是(　　　)。

　　A. "实收资本"　　　　　　　　　　B. "应付账款"

　　C. "本年利润"　　　　　　　　　　D. "管理费用"

40. 下列各项中,属于最基本的账务处理程序是(　　　)。

　　A. 记账凭证账务处理程序　　　　　B. 汇总记账凭证账务处理程序

　　C. 科目汇总表账务处理程序　　　　D. 多栏式日记账账务处理程序

41. 收款凭证主要用于记录的经济业务是(　　　)。

　　A. 应收账款增加　　　　　　　　　B. 应收票据增加

　　C. 银行存款增加　　　　　　　　　D. 其他应收款增加

42. 销售产品发生的消费税应记入(　　　)科目的借方。

　　A. "本年利润"　　　　　　　　　　B. "应交税费"

　　C. "税金及附加"　　　　　　　　　D. "利润分配"

43. (　　　)是对会计对象的基本分类。

　　A. 会计科目　　　　　　　　　　　B. 会计信息质量要求

　　C. 会计要素　　　　　　　　　　　D. 会计方法

44. 一个企业的资产总额与权益总额(　　　)。

　　A. 不会相等　　　　　　　　　　　B. 只有在期末时相等

　　C. 必然相等　　　　　　　　　　　D. 有时相等

45. 某公司出纳员小郑将公司现金交存开户银行,应编制(　　　)。

　　A. 现金收款凭证　　　　　　　　　B. 现金付款凭证

　　C. 银行存款收款凭证　　　　　　　D. 银行存款付款凭证

46. 会计人员在进行会计核算的同时,对特定主体经济活动的合法性、合理性进行审查称为(　　　)。

　　A. 会计监督职能　　　　　　　　　B. 会计核算职能

　　C. 会计分析职能　　　　　　　　　D. 会计控制职能

47. 平时在填制记账凭证时,应尽量使账户的对应关系保持"一借一贷"是(　　　)的要求。

　　A. 科目汇总表账务处理程序　　　　B. 多栏式日记账账务处理程序

　　C. 记账凭证账务处理程序　　　　　D. 汇总记账凭证账务处理程序

48. 已经登记入账的记账凭证,在当年内发现有误,可以用红字填写一张与原内容相同的记账凭证,在摘要栏注明(　　　),以冲销原错误的记账凭证。

　　A. 经济业务的内容　　　　　　　　B. 注销某月某日某号凭证

　　C. 对方单位　　　　　　　　　　　D. 订正某月某日某号凭证

49. 将每一相关的业务登记在一行,从而可依据每一行各个栏目的登记是否齐全来判断该项业务的进展情况的明细分类账格式属于( )。

    A. 多栏式　　　　　　　　　　　　B. 横线登记式

    C. 三栏式　　　　　　　　　　　　D. 数量金额式

50. 计提车间管理人员的工资应记入( )的贷方。

    A. "制造费用"　　　　　　　　　　B. "应付职工薪酬"

    C. "生产成本"　　　　　　　　　　D. "管理费用"

51. 在下列各个会计报表中,属于企业对外提供的动态报表是( )。

    A. 资产负债表　　　　　　　　　　B. 生产成本计算表

    C. 现金流量分析表　　　　　　　　D. 利润表

52. 下列关于会计主体概念的说法中,不正确的是( )。

    A. 会计主体可以是独立法人,也可以是非法人

    B. 会计主体可以是一个企业,也可以是企业内部的某一个单位

    C. 会计主体可以是一个单一的企业,也可以是由几个企业组成的企业集团

    D. 会计主体所核算的生产经营活动也包括其他企业或投资者个人的其他生产经营活动

53. 下列各项中,不属于直接计入当期利润的利得和损失的是( )。

    A. 出租固定资产获得的收益　　　　B. 处置固定资产的净损失

    C. 自然灾害发生的损失　　　　　　D. 企业对外捐赠支出

54. 某企业"应付账款"总分类科目期初余额为贷方 10 000 元,明细账分别为甲、乙、丙三厂。其中:甲厂贷方 4 000 元,乙厂贷方 3 500 元,本期又向丙厂购入原材料一批,货款 2 000 元,款未付。则"应付账款"科目"丙厂"明细科目的期末余额为( )元。

    A. 借方 2 500　　　　　　　　　　B. 贷方 4 500

    C. 贷方 2 000　　　　　　　　　　D. 借方 4 500

55. 在我国,单位一般只对( )的核算采用卡片账形式。

    A. 库存商品　　　　　　　　　　　B. 固定资产

    C. 应收账款　　　　　　　　　　　D. 库存现金

56. 在财产清查中发现库存材料实存数小于账面数,其原因为自然损耗所致,经批准后,会计人员应列作( )处理。

    A. 增加营业外收入　　　　　　　　B. 增加管理费用

    C. 增加营业外支出　　　　　　　　D. 减少管理费用

57. 复合会计分录至少涉及( )个会计科目。

    A. 一　　　　　　B. 两　　　　　　C. 三　　　　　　D. 四

58. 企业财产清查后,据以填制待处理财产盘盈、盘亏记账凭证的原始凭证是( )。

    A. 发出材料汇总表　　　　　　　　B. 盘存单

    C. 实存账存对比表　　　　　　　　D. 收料单

59. 某企业在遭受洪灾后,对其受损的财产物资进行的清查,属于(　　)。
   A. 局部清查和定期清查
   B. 全面清查和定期清查
   C. 局部清查和不定期清查
   D. 全面清查和不定期清查

60. 下列各项中,属于记账凭证账务处理程序优点的是(　　)。
   A. 减轻了登记总分类账的工作量
   B. 总分类账反映较详细
   C. 有利于会计核算的日常分工
   D. 便于核对账目和进行试算平衡

61. 会计核算上所使用的一系列的会计处理方法和原则都是建立在(　　)前提的基础上。
   A. 会计主体　　　　B. 持续经营　　　　C. 会计分期　　　　D. 货币计量

62. 某公司2024年年初资产总额5 000 000元,负债总额2 000 000元,当年接受投资者投资500 000元,从银行借款1 000 000元。该公司2024年年末所有者权益应为(　　)元。
   A. 2 500 000　　　　B. 1 500 000　　　　C. 3 500 000　　　　D. 5 000 000

63. 通用记账凭证是用于记录企业(　　)经济业务的记账凭证。
   A. 现金
   B. 银行存款
   C. 某种
   D. 所有

64. 在各种不同账务处理程序中,不能作为登记总账依据的是(　　)。
   A. 汇总记账凭证
   B. 科目汇总表
   C. 记账凭证
   D. 汇总原始凭证

65. "生产成本"账户的期末余额应归属于(　　)类会计要素。
   A. 资产
   B. 负债
   C. 利润
   D. 所有者权益

66. 本年利润明细账一般采用的账页格式为(　　)。
   A. 数量金额式
   B. 三栏式
   C. 两栏式
   D. 多栏式

67. 下列各项中,不属于会计报表的是(　　)。
   A. 资产负债表
   B. 利润表
   C. 现金流量表
   D. 会计报表附注

68. 下列各项中,不属于账账核对的是(　　)。
   A. 总分类账簿与所属明细分类账簿之间的核对
   B. 总分类账簿与序时账簿之间的核对
   C. 会计账簿与原始凭证之间的核对
   D. 明细分类账簿之间的核对

69. 根据明细分类账目设置的,用来对会计要素具体内容进行明细核算的账户称为(　　)。
   A. 综合账户
   B. 明细账户
   C. 总账账户
   D. 备查账户

70. 损益类账户的期末余额一般(　　)。
    A. 无法确定方向　　　　　　　　B. 在借方
    C. 在贷方　　　　　　　　　　　D. 无余额

71. 确认办公用楼租金 60 万元,用银行存款支付 10 万元,50 万元未付。按照权责发生制和收付实现制分别确认费用(　　)。
    A. 10 万元,60 万元　　　　　　 B. 60 万元,0
    C. 60 万元,50 万元　　　　　　 D. 60 万元,10 万元

72. "预付账款"科目的期末余额等于(　　)。
    A. 期初余额＋本期借方发生额－本期贷方发生额
    B. 期初余额＋本期借方发生额＋本期贷方发生额
    C. 期初余额－本期借方发生额＋本期贷方发生额
    D. 期初余额－本期借方发生额－本期贷方发生额

73. (　　)是记录经济业务完成情况、明确经济责任,并据以登记账簿的书面证明,是登记账簿的依据。
    A. 原始凭证　　　　　　　　　　B. 记账凭证
    C. 会计凭证　　　　　　　　　　D. 会计账簿

74. 记账后在当年内发现记账凭证的会计科目错误,从而引起记账错误,应采用(　　)更正。
    A. 平行登记法　　　　　　　　　B. 划线更正法
    C. 补充登记法　　　　　　　　　D. 红字更正法

75. "应交税费——应交增值税"明细账应采用的格式是(　　)。
    A. 贷方多栏式　　　　　　　　　B. 借方多栏式
    C. 三栏式　　　　　　　　　　　D. 借方贷方多栏式

76. 下列做法中,不符合会计账簿记账规则的是(　　)。
    A. 不得使用圆珠笔登账
    B. 按账簿页次顺序连续登记,不得跳行隔页
    C. 登记后在记账凭证上注明已经登账的符号
    D. 账簿中书写的文字和数字一般应占格距的 2/3

77. 收款凭证左上角借方科目应填列的会计科目是(　　)。
    A. "主营业务收入"　　　　　　　B. "银行存款"
    C. "银行存款"或"库存现金"　　 D. "库存现金"

78. 审核凭证的金额与所附原始凭证的金额是否一致,属于审核记账凭证的(　　)。
    A. 内容是否真实　　　　　　　　B. 科目是否正确
    C. 金额是否正确　　　　　　　　D. 项目是否齐全

79. 在账簿的三个基本栏目下分别设数量、单价、金额小栏的账簿称为(　　)。
    A. 横线登记式账簿　　　　　　　B. 三栏式账簿

C. 数量金额式账簿   D. 多栏式账簿

80. 企业常用的收款凭证、付款凭证和转账凭证都属于(　　)。

     A. 复式记账凭证   B. 单式记账凭证

     C. 一次凭证   D. 通用凭证

81. 下列各项中,不属于会计核算环节的是(　　)。

     A. 确认   B. 计量   C. 报告   D. 算账

82. 下列关于会计分录的表述中,不正确的是(　　)。

     A. 复合会计分录包括一借多贷、一贷多借

     B. 会计分录按涉及科目多少,可以分为简单会计分录和复合会计分录

     C. 复合会计分录是指涉及三个以上(含三个)对应科目所组成的会计分录

     D. 会计实际工作中,最常用的会计分录为一借一贷、一贷多借分录

83. 接受外单位投资机器设备一台,应填制(　　)。

     A. 收款凭证   B. 付款凭证

     C. 转账凭证   D. 汇总凭证

84. 会计凭证按其(　　)的不同,分为原始凭证和记账凭证。

     A. 来源   B. 记账凭证

     C. 填制的手续   D. 填制的程序和用途

85. 下列项目清查时,应采用实地盘点法的是(　　)。

     A. 应收账款   B. 应付账款

     C. 固定资产   D. 银行存款

86. 下列各项中,属于所有者权益类账户的是(　　)。

     A. "本年利润"   B. "主营业务收入"

     C. "短期投资"   D. "应付账款"

87. 会计报表在会计核算中处于重要地位,是会计核算的(　　)。

     A. 中间环节   B. 首要环节

     C. 基础环节   D. 最终环节

88. 利润表是反映一定会计期间(　　)的报表。

     A. 财务状况   B. 经营成果

     C. 现金流量   D. 偿债能力

89. 在货币计量前提下,我国企业的会计核算可以选用一种外币作为记账本位币,但其编制的财务会计报告应折算为(　　)反映。

     A. 人民币   B. 某种外币

     C. 记账本位币   D. 功能货币

90. 资产负债表的右方是按(　　)先后顺序排列的。

     A. 时间   B. 流动性

     C. 求偿权   D. 变现能力

二、多项选择题(下列各题有两个或两个以上正确答案,每题 1.5 分,共 10 题。不选、少选、多选或错选均不得分)

1. 下列关于会计账簿与账户关系的说法中,正确的有(　　)。

　　A. 账户存在于账簿之中,账簿中的每一账页就是账户的存在形式和载体

　　B. 没有账簿,账户就无法存在

　　C. 账簿只是一个外在形式,账户才是其真实内容

　　D. 账簿与账户的关系是形式和内容的关系

2. 各种账务处理程序的基本相同点包括(　　)。

　　A. 填制记账凭证的依据相同　　　　B. 登记明细账的依据和方法相同

　　C. 登记总分类账的依据和方法相同　　D. 编制会计报表的依据和方法相同

3. 会计分录的内容包括(　　)。

　　A. 经济业务内容摘要　　　　　　　B. 会计科目名称

　　C. 经济业务发生额　　　　　　　　D. 应借应贷方向

4. 下列各项中,以"资产＝负债＋所有者权益"这一会计恒等式为理论依据的有(　　)。

　　A. 平行登记　　　　　　　　　　　B. 复式记账

　　C. 编制资产负债表　　　　　　　　D. 成本计算

5. 下列各项中,属于财务会计报告使用者的有(　　)。

　　A. 投资者　　　　　　　　　　　　B. 债权人

　　C. 政府及相关机构　　　　　　　　D. 单位管理人员

6. 下列各项中,属于非流动资产的有(　　)。

　　A. 交易性金融资产　　　　　　　　B. 固定资产

　　C. 无形资产　　　　　　　　　　　D. 长期待摊费用

7. 下列情况下,可以用红色墨水笔记账的有(　　)。

　　A. 结账　　　　　　　　　　　　　B. 划线

　　C. 改错　　　　　　　　　　　　　D. 冲账

8. 下列各项中,属于原始凭证书写时应当注意的事项的有(　　)。

　　A. 不得使用未经国务院公布的简化汉字

　　B. 小写金额用阿拉伯数字逐个书写,也可以写连笔字

　　C. 金额数字一律填写到角、分,无角、分的,写"00"或符号"—",有角无分的,分位写"0",不得用符号"—"

　　D. 在金额前要填写人民币符号"￥",人民币符号"￥"与阿拉伯数字之间不得留有空白

9. 下列各项中,可能引起企业银行存款日记账和银行对账单余额不一致的有(　　)。

　　A. 企业错账、漏账　　　　　　　　B. 银行错账、重账

　　C. 未达账项　　　　　　　　　　　D. 应收账款

10. 下列账户中,应在年末将余额转入"本年利润"账户的有(　　　)。

A. "主营业务收入"账户 　　　　　B. "制造费用"账户

C. "管理费用"账户 　　　　　D. "营业外收入"账户

三、判断题(每题 1 分,共 20 题,正确的打"√",错误的打"×"。不答不得分)

1. 对于明细科目较多的会计科目,可在总分类科目下设置二级或多级明细科目。(　　)

2. 为了及时提供会计信息、保证会计信息的质量,会计报表中的项目与会计科目是完全一致的,并以会计科目的本期发生额或余额填列。(　　)

3. 借贷记账法是指以"借""贷"为记账符号,对每一笔经济业务,都要在两个或两个以上的相互联系的账户中以借贷方相等的金额进行登记的一种记账方法。(　　)

4. 一般而言,费用(成本)类账户结构与权益类账户相同,收入(利润)类账户结构与资产类账户相同。(　　)

5. 只要实现了期初余额、本期发生额和期末余额三栏的平衡关系,就说明账户记录正确。(　　)

6. 记账凭证是登记明细分类账的依据,原始凭证是登记总分类账的依据。(　　)

7. 企业每项经济业务的发生都必须从外部取得原始凭证。(　　)

8. 原始凭证、记账凭证和汇总记账凭证的保管期限为 15 年。(　　)

9. 编制会计报表是企业账务处理程序的组成部分。(　　)

10. 在证明经济业务发生,据以编制记账凭证的作用方面,自制原始凭证与外来原始凭证具有同等的效力。(　　)

11. 发料凭证汇总表是一种汇总记账凭证。(　　)

12. 在会计凭证传递的时间内,凡经办记账凭证的会计人员都有责任保管好原始凭证和记账凭证,严防在传递过程中散失。(　　)

13. 任何一项经济业务都不会破坏会计等式的平衡关系,只会引起资产和权益总额发生同增或同减的变化。(　　)

14. 出纳人员在办理收款或付款业务后,应在凭证上加盖"收讫"或"付讫"的戳记,以避免重收或重付。(　　)

15. 企业每年装订完成的会计凭证,在年度终了时可由财务部门保管 1 年,期满后原则上应移交档案部门保管。(　　)

16. 企业的利得和损失包括直接计入所有者权益的利得和损失以及直接计入当期利润的利得和损失。(　　)

17. 凡是特定主体能够以货币表现的经济活动都是会计对象。(　　)

18. 会计部门的财产物资明细账期末余额与财产物资使用部门的财产物资明细账期末余额相核对,属于账实核对。(　　)

19. 财产清查中,对于银行存款、各种往来款项至少每月与银行或有关单位核对一次。(　　)

20. 我国境内所有单位的会计档案均不得携带出境。　　　　　　　　　（　　）

四、计算分析题(每小题 1 分,共 4 道大题。答错、不答均不得分)

〈题目一〉

1. A 公司 2024 年 9 月 20 日至月末银行存款日记账所记载的经济业务如下:

(1) 20 日,开出支票♯050 计 11 700 元,用于支付购料款。

(2) 21 日,收到 X 企业开来的销货款转账支票 35 100 元。

(3) 23 日,开出支票♯051 计 3 400 元,支付购料的运杂费。

(4) 26 日,开出支票♯052 计 1 000 元,支付下半年的报纸杂志费。

(5) 29 日,收到 D 公司开来的销货款现金支票 5 850 元。

(6) 30 日,银行存款日记账的账面余额为 92 800 元。

2. 银行对账单所列 9 月 20 日至月末的经济业务如下:

(1) 22 日,收到销货款转账支票 35 100 元。

(2) 23 日,收到 A 公司开出的支票♯050,金额为 11 700 元。

(3) 25 日,收到 A 公司开出的支票♯051,金额为 3 400 元。

(4) 26 日,银行为 A 公司代付本月电话费 1 280 元。

(5) 29 日,为 A 公司代收外地购货方汇来的货款 6 800 元。

(6) 30 日,结算银行借款利息 650 元。

(7) 30 日,银行对账单的存款余额为 92 820 元。

要求:根据上述资料,代 A 公司编制银行存款余额调节表(表 1)。

表 1　　　　　　　　　　　银行存款余额调节表

编制单位:A 公司　　　　　　　2024 年 9 月 30 日　　　　　　　单位:元

项　目	金　额	项　目	金　额
企业银行存款日记账余额	92 800	银行对账单余额	92 820
加:银行已收、企业未收的款项合计	(　　)	加:企业已收、银行未收的款项合计	5 850
减:银行已付、企业未付的款项合计	(　　)	减:企业已付、银行未付的款项合计	(　　)
调节后的余额	(　　)	调节后的余额	(　　)

〈题目二〉

Y 公司为增值税一般纳税人,2024 年 9 月发生如下经济业务:

(1) 开出现金支票从银行提取现金 2 000 元备用。

(2) 用现金支付生产车间办公用品费 440 元。

(3) 收到 B 公司前欠货款 80 000 元,存入银行。

(4) 向 C 工厂销售 A 产品一批,不含增值税的售价 100 000 元,增值税 13 000 元,款项尚未收到。

(5) 接到开户银行的通知,收到 D 公司前欠货款 150 000 元。

要求:根据上述资料,编制相关会计分录。

(1)

(2)

(3)

(4)

(5)

〈**题目三**〉

已知企业所得税税率为25％,Y公司2024年的收入和费用资料如表2所示。

表2 **Y公司收入及费用账户发生额** 单位:元

账户名称	借方发生额	贷方发生额
主营业务收入		800 000
其他业务收入		120 000
营业外收入		15 000
投资收益		20 000

(续表)

账户名称	借方发生额	贷方发生额
主营业务成本	460 000	
其他业务成本	80 000	
税金及附加	8 000	
销售费用	10 800	
管理费用	13 500	
财务费用	1 700	
资产减值损失	2 000	
营业外支出	4 000	

要求:根据上述资料,计算 Y 公司 2024 年度利润表中相关项目的金额。

1. 营业收入(   )元。

2. 营业成本(   )元。

3. 营业利润(   )元。

4. 利润总额(   )元。

5. 净利润(   )元。

〈题目四〉

甲公司 2024 年 9 月发生以下业务:

(1) 1 日,向银行借入一笔生产经营用短期借款,共计 600 000 元,期限为 9 个月,年利率为 5%,根据与银行签署的借款协议,该项借款的本金到期一次归还,利息按月预提,按季支付。

(2) 2 日,向乙公司销售一批商品,开具增值税专用发票上注明售价为 800 000 元,增值税税额为 104 000 元,商品已发出,货款尚未收到。该批商品的成本为 600 000 元。

(3) 3 日,甲公司购入一批原材料,取得增值税专用发票上注明的价款为 400 000 元,增值税税额为 52 000 元,材料验收入库,款项尚未支付。

(4) 31 日,计提固定资产折旧 24 000 元,其中管理用设备折旧 4 000 元,生产设备折旧 20 000 元。

(5) 31 日,对应收乙公司账款进行减值测试,预计其未来现金流量现值为 560 000元。

除上述资料外,不考虑其他因素。

要求:根据上述资料,编制相关会计分录。

(1)

（2）

（3）

（4）

（5）

综合模拟试卷二

一、单项选择题(下列各题只有一个正确答案,每题 0.5 分,共 90 题。不选、错选均不得分)

1. 在登记账簿时,红色墨水笔不能用于(   )。
   - A. 更正错账
   - B. 记账
   - C. 结账
   - D. 冲账

2. 下列各项中,适合采用多栏式明细账格式核算的是(   )。
   - A. 原材料
   - B. 制造费用
   - C. 应付账款
   - D. 库存商品

3. 银行存款日记账的期末余额和银行存款总分类账期末余额之间的核对属于账账核对中的(   )。
   - A. 总分类账有关账户的余额核对
   - B. 总分类账与所属明细分类账核对
   - C. 总分类账与序时账核对
   - D. 明细分类账之间的核对

4. 记账以后,发现记账凭证中科目正确,但所记金额小于应记金额,应采用的更正法是(   )。
   - A. 划线更正法
   - B. 红字更正法
   - C. 补充登记法
   - D. 平行登记法

5. 对发生贪污、盗窃、受损的财产物资进行财产清查,通常采用(   )方法。
   - A. 定期清查
   - B. 局部清查
   - C. 分散清查
   - D. 全面清查

6. 下列各项中,不是会计凭证、会计账簿、会计报表相结合方式的称谓的是(   )。
   - A. 账务处理程序
   - B. 会计核算程序
   - C. 会计核算形式
   - D. 会计组织形式

7. 下列对科目汇总表账务处理程序的描述中,不正确的是(   )。
   - A. 简化登记总账的工作量
   - B. 反映账户间的对应关系
   - C. 能进行试算平衡
   - D. 适用于经济业务较多的单位

8. 企业发生自然灾害或意外损失时的财产清查属于(   )。
   - A. 不定期清查
   - B. 定期清查
   - C. 全面清查
   - D. 技术清查

9. 对库存现金进行清查应该采用的方法是(   )。

    A. 实地盘点法　　　　　　　　　　　B. 抽查检验法

    C. 查询核对法　　　　　　　　　　　D. 技术推算法

10. 备抵账户是指用来(   )被调整账户余额,以确定被调整账户实有数额而设置的独立账户。

    A. 抵减　　　　　　　　　　　　　　B. 附加

    C. 抵减和附加　　　　　　　　　　　D. 以上都不对

11. 下列关于会计凭证的归档保管的表述中,错误的是(   )。

    A. 每月记账完毕,应将会计凭证按顺序号排列,装订成册

    B. 原始凭证不得外借

    C. 从外单位取得的原始凭证遗失时,应由开具单位重开

    D. 重要的原始凭证可以单独保管

12. 某企业 2024 年 12 月 1 日负债总额为 30 万元,所有者权益总额为 60 万元,12 月份发生如下业务:①从银行借入期限为 3 个月的借款 2 万元,存入银行;②购入固定资产,价值 5 万元,以银行存款支付;③收到投资者新投入的资本 20 万元,已存入银行。2024 年年底该企业资产总额为(   )万元。

    A. 112　　　　　　B. 110　　　　　　C. 117　　　　　　D. 90

13. 下列各项中,属于明细账户的是(   )。

    A. "短期借款"　　　　　　　　　　　B. "未分配利润"

    C. "利润分配"　　　　　　　　　　　D. "其他货币资金"

14. 某企业用转账支票归还前欠乙公司的货款 90 万元,会计人员编制的会计凭证:借记"应收账款",贷记"银行存款",审核并已经登记入账,该记账凭证(   )。

    A. 没有错误　　　　　　　　　　　　B. 有错误,使用划线更正法更正

    C. 有错误,使用红字更正法更正　　　　D. 有错误,使用补充登记法更正

15. 现金处理中,发现现金短缺 300 元,研究决定由出纳人员赔偿 200 元,余额报损,则批准处理后的会计分录为(   )。

    A. 借:库存现金　　　　　　300　　　B. 借:待处理财产损溢　　　　300

       贷:待处理财产损溢　　300　　　　　贷:库存现金　　　　　　　300

    C. 借:其他应收款　　　　　200　　　D. 借:其他应收款　　　　　200

         营业外支出　　　　　100　　　　　　管理费用　　　　　　100

       贷:待处理财产损溢　　300　　　　　贷:待处理财产损溢　　　　300

16. 采用实地盘存制,平时账簿记录中不能反映(   )。

    A. 财产物资的增加数

    B. 财产物资的减少数

    C. 财产物资的增加和减少数

    D. 财产物资的盘盈数

17. 一般来说,在企业撤销、合并和改变隶属关系时,应对财产进行(　　)。

A. 实地盘点
B. 定期清查
C. 全面清查
D. 局部清查

18. 盈余公积不包括(　　)。

A. 法定盈余公积
B. 任意盈余公积
C. 留存收益
D. 资本公积

19. 收款凭证的左上角科目为(　　),登记科目是"库存现金"或"银行存款"。

A. 贷方科目
B. 借方科目
C. 固定资产科目
D. 流动资产科目

20. 符合权益账户记账规则的是(　　)。

A. 增加额记借方
B. 增加额记贷方
C. 减少额记贷方
D. 期末无余额

21. 某企业购买材料一批,并向供货方开出银行承兑汇票一张,承诺 3 个月后付款。如果 3 个月后,企业无力偿付,会计人员对此的会计处理应为(　　)。

A. 借记"应付票据",贷记"应付账款"
B. 借记"应付票据",贷记"短期借款"
C. 借记"应付票据",贷记"预收账款"
D. 借记"应付票据",贷记"其他应付款"

22. 某企业设立时接受甲用一批原材料作为资本投入。双方在投资合同约定的原材料价值为 10 万元,合同约定的价值和材料的公允价值相符,增值税进项税额为 1.3 万元。不考虑其他因素,因甲出资而引起的实收资本账户增加值为(　　)。

A. 11.3 万元
B. 10 万元
C. 13 万元
D. 无法确定

23. 某公司为宣传新产品发生广告费用 90 000 元,对于这笔费用,应记入(　　)会计科目。

A. "管理费用"
B. "销售费用"
C. "其他业务支出"
D. "营业外支出"

24. 某企业 2024 年度实现净利润 300 万元,经董事会决议,按税后利润的 10% 提取法定盈余公积,提取盈余公积之后剩余净利润的 80% 作为现金股利分配给股东。那么"利润分配——未分配利润"明细账户的贷方余额将增加(　　)万元。

A. 300
B. 54
C. 270
D. 200

25. 用大写表示￥30 010.56 的正确写法是(　　)。

A. 人民币叁万零壹拾元伍角陆分
B. 人民币三万零十元五角六分
C. 人民币三万零十元五角六分整
D. 人民币叁万零壹拾元伍角陆分整

26. "应付账款"账户的期末余额等于(　　)。

A. 期初余额＋本期借方发生额－本期贷方发生额

B. 期初余额－本期借方发生额－本期贷方发生额

C. 期初余额＋本期借方发生额＋本期贷方发生额

D. 期初余额＋本期贷方发生额－本期借方发生额

27. 原始凭证按照格式不同可以分为(　　)。

    A. 外来原始凭证和自制原始凭证　　　　B. 一次凭证和累计凭证

    C. 通用凭证和专用凭证　　　　　　　　D. 一次凭证和汇总凭证

28. 对某些在序时账簿和分类账簿等主要账簿中都不予登记或登记不够详细的经济业
务事项进行补充登记时使用的账簿称为(　　)。

    A. 联合账簿　　　　　　　　　　　　　B. 总分类账簿

    C. 备查账簿　　　　　　　　　　　　　D. 日记账

29. 在收付实现制下,不能确认为当期费用的项目是(　　)。

    A. 预提本月短期借款利息　　　　　　　B. 支付全年的财产保险费

    C. 支付当月管理部门用房屋租金　　　　D. 支付下年报纸杂志费

30. 为了鼓励客户提前偿付货款而向客户提供的债务扣除属于(　　)。

    A. 商业折扣　　　　　　　　　　　　　B. 现金折扣

    C. 销售折让　　　　　　　　　　　　　D. 数量折扣

31. 下列各项中,不属于会计核算方法的是(　　)。

    A. 填制会计凭证　　　　　　　　　　　B. 财产清查

    C. 会计分析　　　　　　　　　　　　　D. 登记会计账簿

32. 下列账户中,应采用备查账簿的是(　　)。

    A. 原材料明细账　　　　　　　　　　　B. 库存商品明细账

    C. 租入固定资产登记簿　　　　　　　　D. 银行存款日记账

33. 对原始凭证的日期是否真实、业务内容是否真实、数据是否真实等内容的审查,属于
审核原始凭证的(　　)。

    A. 正确性　　　　　　　　　　　　　　B. 完整性

    C. 真实性　　　　　　　　　　　　　　D. 合理性

34. 下列原始凭证中,属于汇总凭证的是(　　)。

    A. 收料凭证汇总表　　　　　　　　　　B. 发货票

    C. 领料单　　　　　　　　　　　　　　D. 限额领料单

35. 对于将现金送存银行业务,会计人员应填制的记账凭证是(　　)。

    A. 银行收款凭证　　　　　　　　　　　B. 现金付款凭证

    C. 银行收款凭证和现金付款凭证　　　　D. 转账凭证

36. 下列各项中,不属于记账凭证审核内容的是(　　)。

    A. 凭证是否符合有关的计划和预算

    B. 会计科目使用是否正确

C. 凭证的内容与所附凭证的内容是否一致

D. 凭证的金额与所附凭证的金额是否一致

37. 下列记账凭证中,可以不附原始凭证的是( )。

    A. 所有收款凭证   B. 所有付款凭证

    C. 所有转账凭证   D. 用于结账的记账凭证

38. 某企业收到客户交来的包装物押金(支票)500元,账务处理为( )。

    A. 借:库存现金   500   B. 借:银行存款   500

          贷:其他业务收入   500   贷:营业外收入   500

    C. 借:银行存款   500   D. 借:银行存款   500

          贷:其他业务收入   500   贷:其他应付款   500

39. 能够提供企业某一类经济业务增减变化总括会计信息的账簿是( )。

    A. 明细分类账   B. 总分类账

    C. 备查簿   D. 日记账

40. 盘亏的固定资产经批准后,一般应记入( )账户。

    A. "管理费用"   B. "固定资产"

    C. "营业外收入"   D. "营业外支出"

41. 下列明细分类账中,可以采用数量金额式明细分类账的是( )。

    A. 库存商品明细分类账   B. 应付账款明细分类账

    C. 管理费用明细分类账   D. 应收账款明细分类账

42. 某企业以银行存款支付合同违约金4 500元,应借记( )科目。

    A. "其他业务成本"   B. "管理费用"

    C. "销售费用"   D. "营业外支出"

43. 经济业务发生时仅涉及会计等式右边时,必然引起右边要素中某些项目发生( )。

    A. 不变动   B. 有增有减变动

    C. 同减变动   D. 同增变动

44. 负债类账户的本期减少数和期末余额分别反映在( )。

    A. 借方   B. 贷方

    C. 借方和贷方   D. 贷方和借方

45. 需要根据资产类账户与其备抵账户抵销后的净额填列的项目是( )。

    A. 预付账款   B. 应收账款

    C. 长期待摊费用   D. 货币资金

46. 年末所有损益类账户的余额为零,表明( )。

    A. 当年利润一定是零

    B. 当年利润一定是正数

    C. 当年利润一定是负数

    D. 损益类账户在结账时均已转入"本年利润"账户

47. 下列各项中,不会影响利润总额增减变化的是(   )。

 A. 营业外支出 B. 所得税费用

 C. 销售费用 D. 管理费用

48. 账存实存对比表是一种(   )。

 A. 原始凭证 B. 会计账簿

 C. 备查账簿 D. 记账凭证

49. 对财产清查结果进行正确账务处理的主要目的是保证(   )。

 A. 账表相符 B. 账证相符

 C. 账账相符 D. 账实相符

50. 在财产清查中发现盘亏 1 台设备,其账面原值为 80 000 元,已提折旧 20 000 元,则该企业记入"待处理财产损溢"账户的金额为(   )元。

 A. 20 000 B. 100 000 C. 80 000 D. 60 000

51. 科目汇总表账务处理程序是由(   )发展而来的。

 A. 日记总账账务处理程序 B. 多栏式日记账账务处理程序

 C. 记账凭证账务处理程序 D. 汇总记账凭证账务处理程序

52. 汇总付款凭证的贷方科目可能是(   )。

 A. "库存现金"或"银行存款" B. "生产成本"或"制造费用"

 C. "固定资产"或"无形资产" D. "短期借款"或"长期借款"

53. 银行存款清查中发现的未达账项应编制(   )来检查调整后的余额是否相符。

 A. 对账单 B. 实存账存对比表

 C. 盘存单 D. 银行存款余额调节表

54. 年终决算前,企业应(   )。

 A. 对所有财产进行实地盘点 B. 对重要财产进行局部清查

 C. 对所有财产进行全面清查 D. 对货币财产进行重点清查

55. 下列各账簿中,必须逐日逐笔登记的明细账是(   )。

 A. 银行存款日记账 B. 库存现金总账

 C. 应付票据登记簿 D. 应收账款明细账

56. 车间主任李某出差回来,报销差旅费 6 000 元,应借记(   )科目。

 A. "制造费用" B. "管理费用"

 C. "其他应收款" D. "库存现金"

57. 在同一经济业务中,如果既有收付,又有转账业务,应编制(   )。

 A. 收款凭证 B. 付款凭证

 C. 转账凭证 D. 收、付款和转账凭证

58. 在编制资产负债表时,把公司经理的个人财产与企业财产放在一起,这违背了(   )。

 A. 可靠性要求 B. 相关性要求

 C. 重要性要求 D. 会计主体假设

59. 下列各项中,属于一级科目的是(　　　)。

    A. "未分配利润"　　　　　　　　　　B. "提取盈余公积"

    C. "投入资本"　　　　　　　　　　　D. "材料采购"

60. 本年利润总额为 200 000 元,所得税税率为 25%,计算所得税的分录是(　　　)。

    A. 借:税金及附加　　50 000　　　　B. 借:本年利润　　　50 000

         贷:应交税费　　　　50 000　　　　　　贷:所得税费用　　50 000

    C. 借:应交税费　　　50 000　　　　D. 借:所得税费用　　50 000

         贷:所得税费用　　　50 000　　　　　　贷:应交税费　　　50 000

61. 对于一张原始凭证所列的支出需要由两个以上的单位共同负担时,应当提供(　　　)。

    A. 原始凭证复印件

    B. 分数编号法

    C. 原始凭证分割单

    D. 未附原始凭证的单位,在记账凭证上注明

62. 下列各项中,应确认为营业外支出的是(　　　)。

    A. 借款费用　　　　　　　　　　　B. 离退休工资

    C. 固定资产处置净损失　　　　　　D. 材料销售损失

63. 费用的发生可能表现为(　　　)。

    A. 现金增加　　　　　　　　　　　B. 应付账款增加

    C. 银行存款增加　　　　　　　　　D. 预收账款减少

64. 资产负债表的数据不可能根据(　　　)。

    A. 总账账户余额直接填列　　　　　B. 总账账户余额分析计算填列

    C. 记账凭证直接填列　　　　　　　D. 明细账户余额分析计算填列

65. 下列各项中,应通过"待处理财产损溢"账户核算的是(　　　)。

    A. 应收账款收不回来　　　　　　　B. 盘盈的固定资产

    C. 现金短缺　　　　　　　　　　　D. 未达账款

66. 科目汇总表不可能定期汇总(　　　)。

    A. 本期借、贷方发生额　　　　　　B. 本期贷方发生额

    C. 本期借、贷方余额　　　　　　　D. 本期借方发生额

67. 职工出差的借款单、差旅费报销单,按来源属于(　　　)。

    A. 自制原始凭证　　　　　　　　　B. 外来原始凭证

    C. 一次凭证　　　　　　　　　　　D. 汇总凭证

68. 下列账簿登记时,需要同时使用原始凭证作为记账依据的是(　　　)。

    A. 固定资产总账　　　　　　　　　B. 现金日记账

    C. 资本公积总账　　　　　　　　　D. 库存商品明细账

69. 由企业非日常活动所发生的、会导致所有者权益减少的、与向所有者分配利润无关的经济利益的流出称为(　　　)。

    A. 所有者权益   B. 费用   C. 损失   D. 负债

70. 账簿中书写的文字和数字一般应占格距的(　　　)。
    A. 3/4   B. 1/2   C. 2/3   D. 1/3

71. 负债和所有者权益类账户的期末余额一般在(　　　)。
    A. 借方
    B. 贷方
    C. 借方或贷方
    D. 借方和贷方

72. 固定资产转入清理时的账面余额应通过(　　　)科目核算。
    A. "营业外支出"
    B. "营业外收入"
    C. "固定资产"
    D. "固定资产清理"

73. 对原材料、库存商品盘点后应编制(　　　)。
    A. 对账单
    B. 余额调节表
    C. 实存账存对比表
    D. 盘存单

74. 在资产负债表中,资产按照其流动性排列时,下列排列顺序正确的是(　　　)。
    A. 存货、无形资产、货币资金、交易性金融资产
    B. 货币资金、交易性金融资产、存货、无形资产
    C. 交易性金融资产、存货、无形资产、货币资金
    D. 无形资产、货币资金、交易性金融资产、存货

75. 某会计人员在登记账簿时,将应记入"原材料"账户借方的 10 000 元误记入贷方,会计人员在查找该项错账时,应采用的方法是(　　　)。
    A. 除二法
    B. 除九法
    C. 差数法
    D. 以上都不正确

76. 根据企业材料仓库保管员填制的发料单或发料凭证汇总表,通常应编制(　　　)。
    A. 原始凭证
    B. 付款凭证
    C. 收款凭证
    D. 转账凭证

77. 银行存款日记账,每一账页登记完毕结转下页时,结计"过次页"的本页合计数应为(　　　)的发生额合计数。
    A. 本页
    B. 自本月初起至本页末止
    C. 本月
    D. 自本年初起至本页末止

78. 从特定企业来看,下列各项中,属于流动负债的是(　　　)。
    A. 生产设备
    B. 欠银行贷款 30 万元,将于 2 年后偿还
    C. 库存现金
    D. 欠银行贷款 100 万元,将于 5 个月后偿还

79. 应每月清点一次的财产是(　　　)。
    A. 库存现金
    B. 银行存款
    C. 应付账款
    D. 应收账款

80. 在登记账簿过程中,每一账页的最后一行及下一页第一行都要办理转页手续,是为了(   )。

    A. 便于查账　　　　　　　　　　B. 防止遗漏

    C. 防止隔页　　　　　　　　　　D. 保持记录的连续性

81. 借贷记账法的余额试算平衡公式是(   )。

    A. 全部科目期末借方余额合计＝部分科目期末贷方余额合计

    B. 全部科目期末借方余额合计＝全部科目期末贷方余额合计

    C. 全部科目本期借方发生额合计＝全部科目本期贷方发生额合计

    D. 每个科目的借方发生额＝每个科目的贷方发生额

82. 下列经济业务中,引起所有者权益项目此增彼减的是(   )。

    A. 以银行存款支付投资者获得的利润　　B. 以短期借款直接偿还应付账款

    C. 经批准将盈余公积转增资本　　D. 接受捐赠的固定资产

83. 通常,在购建的资产达到预定可使用状态后发生的长期借款利息费用,应作为(   )列支。

    A. 营业外支出　　　　　　　　　　B. 固定资产

    C. 在建工程　　　　　　　　　　D. 财务费用

84. 计提坏账准备的会计分录是(   )。

    A. 借：应收账款　　　　　　　　B. 借：坏账准备

          贷：坏账准备　　　　　　　　　　贷：应收账款

    C. 借：信用减值损失　　　　　　D. 借：坏账准备

          贷：坏账准备　　　　　　　　　　贷：信用减值损失

85. 记账凭证账务处理程序不需要设置的记账凭证是(   )。

    A. 收款凭证　　　　　　　　　　B. 付款凭证

    C. 转账凭证　　　　　　　　　　D. 汇总记账凭证

86. 企业经营亏损,最终会导致(   )。

    A. 负债增加　　　　　　　　　　B. 负债减少

    C. 所有者权益增加　　　　　　　D. 所有者权益减少

87. 企业年度财务报告(决算)的保管期限为(   )。

    A. 永久　　　　　　　　　　　　B. 30 年

    C. 15 年　　　　　　　　　　　　D. 10 年

88. 下列事项中,不应通过"其他货币资金"账户进行核算的是(   )。

    A. 汇往外埠存款　　　　　　　　B. 开具普通支票

    C. 取得银行本票　　　　　　　　D. 取得信用卡

89. 单位撤销、合并所进行的清查按时间分类,属于(   )。

    A. 全面清查　　　　　　　　　　B. 局部清查

    C. 定期清查　　　　　　　　　　D. 不定期清查

90. 记账是指对特定对象的经济活动采用一定的记账方法,在( )中进行登记。
   A. 原始凭证　　　　　　　　　　B. 记账凭证
   C. 会计账簿　　　　　　　　　　D. 会计报表

二、多项选择题(下列各题有两个或两个以上正确答案,每题 1.5 分,共 10 题。不选、少选、多选或错选均不得分)

1. 原始凭证作为会计凭证之一,其作用包括( )。
   A. 作为登账的依据　　　　　　　B. 作为编表的依据
   C. 记录经济业务　　　　　　　　D. 明确经济责任

2. 下列项目中,属于长期负债的有( )。
   A. 应付债券　　　　　　　　　　B. 其他应付款
   C. 长期应付款　　　　　　　　　D. 长期借款

3. 记账凭证审核的主要内容有( )。
   A. 项目是否齐全　　　　　　　　B. 内容是否真实
   C. 数量是否正确　　　　　　　　D. 科目是否正确

4. 下列各账户中,只需反映金额指标的有( )。
   A. "实收资本"　　　　　　　　　B. "原材料"
   C. "库存商品"　　　　　　　　　D. "短期借款"

5. 下列项目中,应记入"营业外支出"科目的有( )。
   A. 捐赠支出　　　　　　　　　　B. 借款利息
   C. 广告费　　　　　　　　　　　D. 固定资产盘亏

6. 账簿按照账页格式不同,可以分为( )。
   A. 单式账簿　　　　　　　　　　B. 三栏式账簿
   C. 多栏式账簿　　　　　　　　　D. 数量金额式账簿

7. 下列各项中,属于企业财产清查内容的有( )。
   A. 货币资金　　　　　　　　　　B. 实物资产
   C. 应收、应付款项　　　　　　　D. 对外投资

8. "待处理财产损溢"账户的贷方,应登记的内容有( )。
   A. 发生的盘盈数　　　　　　　　B. 批准处理的盘亏、毁损数
   C. 批准处理的盘盈数　　　　　　D. 发生的盘亏、毁损数

9. 下列各项中,可以作为会计主体的有( )。
   A. 企业集团　　　　　　　　　　B. 企事业法人
   C. 非法人单位　　　　　　　　　D. 行政机关

10. 下列等式中,正确的有( )。
    A. 资产=负债+所有者权益
    B. 营业利润=主营业务收入+其他业务收入－主营业务成本－其他业务成本+投

　　资收益＋公允价值变动收益

　　C. 利润总额＝营业利润＋营业外收入－营业外支出

　　D. 净利润＝利润总额－所得税费用

三、判断题(每题 1 分,共 20 题,正确的打"√",错误的打"×"。不答不得分)

1. 目前,会计要素的计量一般采用历史成本。　　　　　　　　　　　　　（　　）

2. 对于数量过多的原始凭证,可以单独装订保管,但应在记账凭证上注明"附件另订"。
　　　　　　　　　　　　　　　　　　　　　　　　　　　　　　　　（　　）

3. 存货发出计价方法中,个别计价法下发出的存货实物与价值最为一致,因而成本计算最为准确和符合实际情况,但其实物保管和成本分辨工作量大。　　　　（　　）

4. 从银行提取的备用金应记入"其他应收款"科目的借方。　　　　　　　　（　　）

5. 会计核算和监督的内容就是企业发生的所有经济活动。　　　　　　　　（　　）

6. 存货盘亏、毁损的净损失一律记入"管理费用"科目。　　　　　　　　　（　　）

7. 科目汇总表账务处理程序与汇总记账凭证账务处理程序的适用范围是完全相同的。
　　　　　　　　　　　　　　　　　　　　　　　　　　　　　　　　（　　）

8. 银行已经付款记账而企业尚未付款记账,会使开户单位银行存款账面余额小于银行对账单的存款余额。　　　　　　　　　　　　　　　　　　　　　　　（　　）

9. 在编制记账凭证时,原始凭证就是记账凭证的附件。　　　　　　　　　　（　　）

10. 科目汇总表账务处理程序能科学地反映账户的对应关系,且便于账目核对。（　　）

11. "资本公积""盈余公积"都是反映企业留存收益的科目。　　　　　　　　（　　）

12. 会计凭证传递是指从原始凭证的填制或取得起,到会计凭证归档保管止,在单位内部按规定的路线进行传递和处理的程序。　　　　　　　　　　　　　　（　　）

13. 明细分类账的登记依据只能是记账凭证。　　　　　　　　　　　　　　（　　）

14. 账户的本期发生额是动态资料,而期末余额与期初余额是静态资料。　　（　　）

15. 对仓库中的所有存货进行盘点属于全面清查。　　　　　　　　　　　　（　　）

16. 企业财产清查中盘盈的固定资产只能采用可变现净值计量。　　　　　　（　　）

17. 借贷记账法中的记账规则,概括地说就是:"有借必有贷,借贷必相等"。　（　　）

18. 对于企业收到的投资方投入的实物资产,如果确认的资产价值超过其在注册资本中所占的份额,差额应作为资本溢价,计入盈余公积。　　　　　　　　　（　　）

19. 企业的原始凭证如果其他单位有特殊原因确实需要使用时,可以提供原件。（　　）

20. 为了及时报送财务报表,企业在实际工作中可以提前结账。　　　　　　（　　）

四、计算分析题(每小题 1 分,共 4 道大题。答错、不答均不得分)

〈题目一〉

海华公司 2024 年发生如下经济事项:

(1) 2 月 1 日,海华公司从银行向 A 证券公司划出资金 30 000 000 元,用于证券投资。

(2) 3 月 12 日,海华公司委托 A 证券公司从上海证券交易所购入 B 公司股票 200 000 股,每股市价 8 元,另支付相关交易费用 3 500 元。

(3) 4 月 16 日,海华公司出售所持有的所有 B 公司股票,每股售价 11 元,另支付相关交易费用 5 200 元。

要求:根据上述资料,回答下列问题。

(1) 编制海华公司向证券公司划出资金的会计分录。

(2) 编制海华公司以市价购入 B 公司股票的会计分录。

(3) 编制海华公司购入 B 公司股票时支付相关交易费用的会计分录。

(4) 编制海华公司出售 B 公司股票的会计分录。

(5) 计算海华公司 2024 年度因上述经济事项而确认投资收益的金额。

〈题目二〉

天安公司所得税税率为 25％,该公司 2024 年 1～11 月各损益类账户的累计发生额和 12 月底转账前各损益类账户的发生额资料如表 1 所示。

表 1   损益类账户发生额   单位:元

账户名称	12月份发生额		1～11月累计发生额	
	借 方	贷 方	借 方	贷 方
主营业务收入		318 000		5 000 000
主营业务成本	252 500		2 800 000	
销售费用	2 600		10 000	
税金及附加	1 000		29 000	
其他业务成本	7 000		32 000	
营业外支出	2 000		11 000	
财务费用	3 000		30 000	
管理费用	4 400		50 000	
其他业务收入		9 500		45 000
营业外收入		3 000		
投资收益		20 000		

要求:根据上述资料,计算天安公司 2024 年度利润表中相关项目的金额。

(1) 营业收入(　　　　)元。

(2) 营业成本(　　　　)元。

(3) 营业利润(　　　　)元。

(4) 利润总额(　　　　)元。

(5) 净利润(　　　　)元。

〈题目三〉

X 公司 2024 年 9 月余额试算平衡表如表 2 所示。

表 2   余额试算平衡表

制表单位:X 公司   2024 年 9 月   单位:元

会计科目	期末余额	
	借 方	贷 方
库存现金	740	
银行存款	168 300	

（续表）

会计科目	期末余额	
	借　方	贷　方
应收账款	85 460	
坏账准备		6 500
原材料	66 500	
库存商品	101 200	
存货跌价准备		1 200
固定资产	468 900	
累计折旧		3 350
固定资产清理		5 600
长期待摊费用	14 500	
应付账款		93 000
预收账款		10 000
长期借款		250 000
实收资本		500 000
盈余公积		4 500
利润分配		19 300
本年利润		12 150
合　计	905 600	905 600

补充资料：

（1）长期待摊费用中含将于一年内摊销的金额 8 000 元。

（2）长期借款期末余额中含将于一年内到期归还的长期借款 100 000 元。

（3）应收账款有关明细账期末余额情况如下：

应收账款——A 公司　借方余额 98 000 元

应收账款——B 公司　贷方余额 12 540 元

（4）应付账款有关明细账期末余额情况如下：

应付账款——C 公司　贷方余额 98 000 元

应付账款——D 公司　借方余额 5 000 元

（5）预收账款有关明细账期末余额情况如下：

预收账款——E 公司　贷方余额 12 000 元

预收账款——F 公司　借方余额 2 000 元

要求：根据上述资料，编制 X 公司的资产负债表(表 3)。

表3   资产负债表(简表)

制表单位:X公司   2024 年 9 月 30 日   单位:元

资　产	上年年末余额	期末余额	负债及所有者权益	上年年末余额	期末余额
流动资产:	略		流动负债:	略	
货币资金		169 040	应付账款		(　　)
应收账款		(　　)	预收账款		(　　)
预付账款		5 000	一年内到期的非流动负债		100 000
存货		(　　)	流动负债合计		(　　)
一年内到期的非流动资产		8 000	非流动负债:		
流动资产合计		442 040	长期借款		150 000
非流动资产:			非流动负债合计		150 000
固定资产		465 550	负债合计		372 540
固定资产清理		−5 600	所有者权益:		
长期待摊费用		6 500	实收资本		500 000
非流动资产合计		466 450	盈余公积		4 500
			未分配利润		31 450
			所有者权益合计		535 950
资产合计		908 490	负债及所有者权益合计		908 490

〈题目四〉

西进公司 2024 年 4 月 30 日银行存款日记账余额为 480 000 元,银行对账单余额为 630 000 元,经核对有下列未达账项:

(1) 企业送存转账支票 700 000 元,银行尚未入账。

(2) 企业开出转账支票 450 000 元,银行尚未入账。

(3) 委托银行代收外埠货款 440 000 元,银行已经收到入账,企业未收到银行收款通知,尚未入账。

(4) 银行代付水电费 40 000 元,企业尚未收到银行的付款通知,尚未入账。

要求:根据上述资料,编制银行存款余额调节表(表 4)。

表4   银行存款余额调节表

编制单位:西进公司   2024 年 4 月 30 日   单位:元

项　　目	金　　额	项　　目	金　　额
企业银行存款日记账余额	480 000	银行对账单余额	630 000
加:银行已收、企业未收的款项合计	(　　)	加:企业已收、银行未收的款项合计	(　　)
减:银行已付、企业未付的款项合计	(　　)	减:企业已付、银行未付的款项合计	(　　)
调节后的余额	(　　)	调节后的余额	(　　)

综合模拟试卷三

一、单项选择题(下列各题只有一个正确答案,每题 0.5 分,共 90 题。不选、错选均不得分)

1. 企业生产车间因生产产品领用材料 50 000 元,在填制记账凭证时,将借方科目记为"管理费用"并已登记入账,应采用的错账更正方法是(   )。
   A. 重填记账凭证法
   B. 划线更正法
   C. 补充登记法
   D. 红字更正法

2. 下列项目中,属于累计凭证和一次凭证的主要区别是(   )。
   A. 累计凭证填制的手续是多次完成的,一次凭证填制的手续是一次完成的
   B. 累计凭证是汇总凭证,一次凭证是单式凭证
   C. 累计凭证是自制原始凭证,一次凭证是外来原始凭证
   D. 一次凭证是记载一笔经济业务,累计凭证是记载多笔经济业务

3. 将记账凭证分为收款凭证、付款凭证和转账凭证的依据是(   )。
   A. 记载经济业务内容的不同
   B. 业务所涉及的会计科目是否单一
   C. 凭证填制手续的不同
   D. 凭证用途的不同

4. 记账凭证账务处理程序和记账凭证汇总表账务处理程序的主要区别是(   )。
   A. 登记总账的依据和方法不同
   B. 记账程序不同
   C. 记账方法不同
   D. 凭证及账簿组织不同

5. 用转账支票支付前欠货款,应填制(   )。
   A. 收款凭证
   B. 付款凭证
   C. 原始凭证
   D. 转账凭证

6. 某企业销售商品一批,增值税专用发票上标明的价款为 60 万元,适用的增值税税率为 13%,为购买方代垫运杂费为 2 万元,款项尚未收回。该企业确认的应收账款为(   )万元。
   A. 60
   B. 62
   C. 67.8
   D. 69.8

7. (   )是对会计对象的基本分类。
   A. 会计科目
   B. 会计要素
   C. 会计方法
   D. 会计原则

8. 为了便于填制汇总转账凭证,平时填制转账凭证时,应尽可能使账户的对应关系保持(   )。

A. "一借多贷"或"多借多贷"　　　B. "一借一贷"或"一贷多借"

C. "一贷多借"或"多借多贷"　　　D. "一借一贷"或"一借多贷"

9. 下列各项中,属于记账凭证账务处理程序优点的是(　　)。

   A. 便于核对账目和进行试算平衡　　　B. 总分类账反映比较详细

   C. 有利于会计核算的日常分工　　　D. 减轻了登记总分类账的工作量

10. 账户是根据(　　)设置的,具有一定格式和结构,用于分类反映会计要素增减变动情况及其结果的载体。

   A. 会计科目　　　B. 会计要素

   C. 会计信息　　　D. 会计对象

11. 会计报表的编制依据是(　　)。

   A. 科目汇总表　　　B. 原始凭证

   C. 账簿记录　　　D. 记账凭证

12. 当年形成的会计档案在会计年度终了后,可暂由本单位会计机构保管(　　)后移交到会计档案管理机构。

   A. 1 年　　　B. 半年

   C. 3 个月　　　D. 2 年

13. 下列记账凭证中,可以不附原始凭证的是(　　)。

   A. 所有收款凭证　　　B. 用于结账的记账凭证

   C. 所有付款凭证　　　D. 所有转账凭证

14. (　　)是记录经济业务事项发生或完成情况的书面证明,也是登记账簿的依据。

   A. 科目汇总表　　　B. 记账凭证

   C. 会计凭证　　　D. 原始凭证

15. 年末结转后,"利润分配"账户的贷方余额表示(　　)。

   A. 利润总额　　　B. 净利润

   C. 未分配的利润　　　D. 未弥补的亏损

16. 下列各项中,不属于收入要素内容的是(　　)。

   A. 提供劳务取得的收入　　　B. 营业外收入

   C. 出租固定资产取得的收入　　　D. 销售商品取得的收入

17. 某企业购买材料一批,买价 3 000 元,增值税进项税额为 390 元,运杂费 200 元,开出商业汇票支付,但材料尚未收到,应贷记(　　)科目。

   A. "应付票据"　　　B. "银行存款"

   C. "原材料"　　　D. "材料采购"

18. 下列关于登账方法的说法中,错误的是(　　)。

   A. 依据记账凭证和汇总原始凭证逐日逐笔或定期汇总登记明细账

   B. 依据汇总原始凭证定期汇总登记库存现金日记账

   C. 依据记账凭证逐笔登记总账

D. 依据记账凭证和原始凭证逐日逐笔登记明细账

19. 下列项目中,影响营业利润的因素是(   )。

    A. 所得税费用   B. 营业外收入

    C. 管理费用   D. 营业外支出

20. (   )是用以调整财产物资账簿记录的重要原始凭证,也是分析产生差异的原因、明确经济责任的依据。

    A. 库存现金盘点表   B. 盘存单

    C. 银行对账单   D. 实存账存对比表

21. 某企业月末计提短期借款利息 600 元,应贷记(   )科目。

    A. "应付利息"   B. "预提费用"

    C. "管理费用"   D. "财务费用"

22. 下列关于"生产成本"科目的表述中,正确的是(   )。

    A. "生产成本"科目期末若有余额,肯定在借方

    B. "生产成本"科目的余额表示已完工产品的成本

    C. "生产成本"科目的余额表示本期发生的生产费用总额

    D. "生产成本"科目期末肯定无余额

23. 现金出纳每天工作结束前都要将库存现金日记账结清并与库存现金实存数核对,这属于(   )。

    A. 账账核对   B. 账证核对

    C. 账表核对   D. 账实核对

24. 日记账一般采用(   )形式。

    A. 横线登记式账   B. 卡片账

    C. 活页账   D. 订本账

25. 企业临时租入的固定资产应在(   )中登记。

    A. 总分类账簿   B. 备查账簿

    C. 无须在账簿中作任何登记   D. 明细分类账簿

26. "预收账款"科目按其所归属的会计要素不同,属于(   )类科目。

    A. 成本   B. 负债

    C. 资产   D. 所有者权益

27. 已经登记入账的记账凭证,在当年内发现有误,可以用红字填写一张与原内容相同的记账凭证,在摘要栏注明(   ),以冲销原错误的记账凭证。

    A. 经济业务的内容   B. 注销某月某日某号凭证

    C. 对方单位   D. 订正某月某日某号凭证

28. 按照经济业务发生或完成时间的先后顺序逐日逐笔进行登记的账簿称为(   )。

    A. 明细分类账簿   B. 序时账簿

    C. 备查账簿   D. 总分类账簿

29. 复式记账法是以（　　）为记账基础的一种记账方法。

A. 会计科目 　　　　　　　　　　 B. 资产和权益的平衡关系

C. 经济业务 　　　　　　　　　　 D. 试算平衡

30. 下列账簿中，可以跨年度连续使用的是（　　）。

A. 多数明细账 　　　　　　　　　 B. 总账

C. 日记账 　　　　　　　　　　　 D. 备查账

31. 资产负债表中的"存货"项目，应根据（　　）。

A. "存货"账户的期末借方余额直接填列

B. "原材料""生产成本"和"库存商品"等账户的期末借方余额之和填列

C. "原材料""在产品"和"库存商品"等账户的期末借方余额之和填列

D. "原材料"账户的期末借方余额直接填列

32. 企业本月利润表中的营业收入为 450 000 元，营业成本为 216 000 元，税金及附加为 9 000 元，管理费用为 10 000 元，财务费用为 5 000 元，销售费用为 8 000 元，则其营业利润为（　　）元。

A. 225 000 　　　　　　　　　　 B. 202 000

C. 234 000 　　　　　　　　　　 D. 217 000

33. 采用补充登记法纠正错误时，应编制（　　）。

A. 红字记账凭证 　　　　　　　　 B. 蓝字记账凭证

C. 一红一蓝两张记账凭证 　　　　 D. 不确定

34. 在账簿的两个基本栏目借方和贷方按需要分别设若干专栏的账簿称为（　　）。

A. 多栏式账簿 　　　　　　　　　 B. 横线登记式账簿

C. 三栏式账簿 　　　　　　　　　 D. 数量金额式账簿

35. 在财产清查中发现库存材料实存数小于账面数，其原因为自然损耗所致，经批准后，会计人员应进行的处理为（　　）。

A. 减少管理费用 　　　　　　　　 B. 增加营业外支出

C. 增加营业外收入 　　　　　　　 D. 增加管理费用

36. 某企业 8 月份一车间生产 A、B 两种产品，本月一车间发生制造费用 24 000 元，要求按照生产工人的工资比例分配制造费用。本月 A 产品生产工人工资为 80 000 元，B 产品生产工人工资为 40 000 元。则 B 产品应负担的制造费用为（　　）元。

A. 12 000 　　　　　　　　　　　 B. 24 000

C. 16 000 　　　　　　　　　　　 D. 8 000

37. 某会计人员在审核记账凭证时，发现误将 1 000 元写成 100 元，尚未入账，一般应采用（　　）改正。

A. 红字更正法 　　　　　　　　　 B. 重新编制记账凭证

C. 补充登记法 　　　　　　　　　 D. 冲账法

38. 下列各项中,不应计入材料采购成本的是(　　)。
    A. 运输途中的合理损耗　　　　　　B. 采购人员工资
    C. 运杂费　　　　　　　　　　　　D. 入库前的挑选整理费用

39. 下列各项中,不应作为其他业务收入核算的是(　　)。
    A. 出租固定资产收入　　　　　　　B. 材料销售收入
    C. 出租无形资产收入　　　　　　　D. 产品销售收入

40. 出纳人员在办理收款或付款后,应在(　　)上加盖"收讫"或"付讫"的戳记,以避免重收重付。
    A. 原始凭证　　　　　　　　　　　B. 收款凭证
    C. 付款凭证　　　　　　　　　　　D. 记账凭证

41. 在借贷记账法下,科目的借方用来登记(　　)。
    A. 资产的减少或权益的增加　　　　B. 资产的增加或权益的增加
    C. 资产的减少或权益的减少　　　　D. 资产的增加或权益的减少

42. H 公司年末"应收账款"科目的借方余额为 100 万元(其明细账无贷方余额),"预收账款"科目贷方余额为 150 万元,其中,明细账的借方余额为 15 万元,贷方余额为 165 万元。"应收账款"科目对应的"坏账准备"科目期末余额为 8 万元,该企业年末资产负债表中"应收账款"项目的金额为(　　)万元。
    A. 107　　　　　　　　　　　　　B. 165
    C. 115　　　　　　　　　　　　　D. 150

43. 企业在一定时期内通过从事生产经营活动而在财务上取得的结果称为(　　)。
    A. 盈利能力　　　　　　　　　　　B. 经营业绩
    C. 财务成果　　　　　　　　　　　D. 财务状况

44. 资产负债表中的资产项目应按其(　　)程度大小顺序排列。
    A. 盈利性　　　　　　　　　　　　B. 流动性
    C. 重要性　　　　　　　　　　　　D. 变动性

45. 广义的权益一般包括(　　)。
    A. 债权人权益和所有者权益　　　　B. 资产和所有者权益
    C. 资产和债权人权益　　　　　　　D. 所有者权益

46. 某企业仓库本期期末盘亏原材料,原因已查明,属于自然灾害,经批准后,会计人员应编制的会计分录为(　　)。
    A. 借:管理费用　　　　　　　　　B. 借:营业外支出
    　　贷:待处理财产损溢　　　　　　　贷:待处理财产损溢
    C. 借:待处理财产损溢　　　　　　D. 借:待处理财产损溢
    　　贷:管理费用　　　　　　　　　　贷:原材料

47. 会计核算应当以实际发生的经济业务为依据,不能凭空估计或虚构,这属于会计信息质量的(　　)要求。

    A. 可靠性   B. 相关性

    C. 谨慎性   D. 实质重于形式

48. 以银行存款缴纳所得税,所引起的变化为(　　)。

    A. 一项资产减少,一项所有者权益减少   B. 一项资产减少,一项负债减少

    C. 一项负债减少,一项资产增加   D. 一项资产减少,一项资产增加

49. 复合会计分录是指(　　)。

    A. 涉及四个账户的会计分录   B. 涉及两个或两个以上账户的会计分录

    C. 涉及三个或三个以上账户的会计分录 D. 涉及四个或四个以上账户的会计分录

50. 一项经济业务所涉及的每一个会计科目单独填制一张记账凭证,每一张记账凭证中只登记一个会计科目,这种凭证叫作(　　)。

    A. 通用记账凭证   B. 专用记账凭证

    C. 一次凭证   D. 单式记账凭证

51. 会计科目和账户之间的联系是(　　)。

    A. 结构相同   B. 格式相同

    C. 内容相同   D. 互不相关

52. 下列说法中,正确的是(　　)。

    A. 赊购商品会导致资产和负债同时减少

    B. 车间管理人员工资能计入产品成本,企业管理人员的工资和在建工程人员的工资不能计入产品成本

    C. 银行汇票和商业汇票属于企业的"其他货币资金"

    D. 持续经营假设规范了会计工作的时间与空间范围

53. 如果某一账户的左方登记增加,右方登记减少,期初余额在左方,而期末余额在右方,则表明(　　)。

    A. 本期增加发生额低于本期减少发生额,且两者的差额小于期初余额

    B. 本期增加发生额低于本期减少发生额,且两者的差额大于期初余额

    C. 本期增加发生额高于本期减少发生额,且两者的差额小于期初余额

    D. 本期增加发生额高于本期减少发生额,且两者的差额大于期初余额

54. 下列对长期借款利息费用的会计处理,不正确的是(　　)。

    A. 筹建期间不符合资本化条件的借款利息计入管理费用

    B. 筹建期间不符合资本化条件的借款利息计入长期待摊费用

    C. 日常生产经营活动费用化的借款利息计入财务费用

    D. 符合资本化条件的借款利息计入相关资产成本

55. 下列项目中,不能作为登记总分类账依据的是(　　)。

    A. 记账凭证   B. 科目汇总表

    C. 汇总记账凭证   D. 原始凭证

56. 复式记账法对每笔经济业务都以相等的金额,在(　　)中进行登记。

A. 两个账户   B. 一个账户

C. 所有账户   D. 两个或两个以上相互联系账户

57. 原始凭证的基本内容不包括(   )。

     A. 日期及编号   B. 内容摘要

     C. 会计科目   D. 实物数量及金额

58. 通常,在购建的资产达到预定可使用状态后发生的长期借款利息费用,应作为(   )列支。

     A. 在建工程   B. 固定资产

     C. 营业外支出   D. 财务费用

59. 下列各项中,期末应转入"本年利润"账户借方的是(   )。

     A. 应交税费——应交城市维护建设税   B. 应交税费——应交增值税

     C. 应交税费——应交消费税   D. 所得税费用

60. 对原材料、库存商品盘点后应编制(   )。

     A. 对账单   B. 余额调节表

     C. 实存账存对比表   D. 盘存单

61. 企业开出转账支票 1 790 元购买办公用品,编制记账凭证时,误记金额为 1 970 元,科目及方向无误并已记账,应采用的更正方法是(   )。

     A. 补充登记 180 元   B. 红字冲销 180 元

     C. 在凭证中划线更正   D. 把错误凭证撕掉重编

62. 下列凭证中,既是一次凭证,也是专用凭证的是(   )。

     A. 限额领料单   B. 现金收据

     C. 增值税专用发票   D. 领料单

63. 负债类账户的余额反映的情况是(   )。

     A. 资产的结存   B. 负债的结存情况

     C. 负债的增减变动   D. 负债的形成和偿付

64. 企业计划在年底购买一批机器设备,7 月份与销售方达成购买意向,9 月份签订了购买合同,但实际购买的行为发生在 10 月份,则企业应该在(   )将该批设备确认为资产。

     A. 7 月   B. 10 月

     C. 12 月   D. 9 月

65. 企业对可能发生减值的资产计提减值准备,充分体现了(   )原则。

     A. 相关性   B. 重要性

     C. 谨慎性   D. 可靠性

66. 科目汇总表属于(   )。

     A. 原始凭证   B. 原始凭证汇总表

     C. 累计凭证   D. 记账凭证

67. 只反映一项经济业务,凭证填制手续是一次完成的自制原始凭证,称为(　　)。

    A. 累计凭证　　　　　　　　　B. 一次凭证

    C. 汇总凭证　　　　　　　　　D. 单式记账凭证

68. 下列各项中,无须设置明细账户进行核算的是(　　)。

    A. 应付账款　　　　　　　　　B. 实收资本

    C. 累计折旧　　　　　　　　　D. 原材料

69. 下列明细账,通常采用贷方多栏式账页格式的是(　　)。

    A. 主营业务收入明细账　　　　B. 本年利润明细账

    C. 应付账款明细账　　　　　　D. 实收资本明细账

70. 某企业生产一种产品,3月初在产品成本为7万元;3月份发生如下费用:生产领用材料12万元,生产工人工资4万元,制造费用2万元,管理费用3万元,广告费用1.6万元;月末在产品成本为6万元。该企业3月份完工产品的生产成本为(　　)万元。

    A. 16.6　　　　　　　　　　　B. 18

    C. 19　　　　　　　　　　　　D. 23.6

71. 企业计提短期借款利息时借方记入(　　)账户。

    A. "财务费用"　　　　　　　　B. "短期借款"

    C. "应收利息"　　　　　　　　D. "应付利息"

72. 在下列项目中,与"管理费用"属于同一类会计科目的是(　　)。

    A. "本年利润"　　　　　　　　B. "应交税费"

    C. "投资收益"　　　　　　　　D. "长期待摊费用"

73. 所有者权益所说的净资产是指(　　)。

    A. 全部资产　　　　　　　　　B. 全部资产减去全部负债

    C. 净利润　　　　　　　　　　D. 全部利润

74. 会计凭证按(　　)分类,分为原始凭证和记账凭证。

    A. 用途和填制程序　　　　　　B. 来源

    C. 填制手续及内容　　　　　　D. 格式

75. 付款凭证科目借贷对应方式正确的是(　　)。

    A. 多借多贷　　　　　　　　　B. 多贷一借

    C. 多借一贷　　　　　　　　　D. 以上都正确

76. 卡片账一般在(　　)时采用。

    A. 固定资产总分类核算　　　　B. 固定资产明细分类核算

    C. 原材料总分类核算　　　　　D. 原材料明细分类核算

77. 以"资产＝负债＋所有者权益"这一会计等式作为编制依据的会计报表是(　　)。

    A. 利润表　　　　　　　　　　B. 资产负债表

    C. 现金流量表　　　　　　　　D. 所有者权益变动表

78. 企业在进行利润分配时,除计提了法定盈余公积,还计提了任意盈余公积,则计提的任意盈余公积应记入(   )账户。

    A. "实收资本"   B. "盈余公积"

    C. "资本公积"   D. "财务费用"

79. (   )是企业会计部门根据本单位经济业务的具体内容、管理上的要求及方便会计核算等而自行设置的。

    A. 总分类账户   B. 明细分类账户

    C. 会计要素   D. 会计等式

80. 会计人员在审核购货发票及材料入库单时,发现该批材料采购量过大,则该原始凭证的审核是保证凭证的(   )。

    A. 合法性   B. 真实性

    C. 合理性   D. 完整性

81. 可以简化总分类账的登记工作,但不能反映账户对应关系的是(   )。

    A. 记账凭证账务处理程序   B. 科目汇总表账务处理程序

    C. 汇总记账凭证账务处理程序   D. 以上三种都不能

82. 将同类经济业务汇总编制的原始凭证是(   )。

    A. 一次凭证   B. 累计凭证

    C. 汇总凭证   D. 记账凭证

83. "结转已销商品的销售成本 50 000 元"这笔业务的会计分录应为(   )。

    A. 借:生产成本   50 000   B. 借:库存商品   50 000

          贷:库存商品   50 000   贷:生产成本   50 000

    C. 借:库存商品   50 000   D. 借:主营业务成本 50 000

          贷:主营业务收入 50 000   贷:库存商品   50 000

84. 企业常用的收款凭证、付款凭证和转账凭证均属于(   )。

    A. 单式记账凭证   B. 复式记账凭证

    C. 一次凭证   D. 通用凭证

85. 在记账凭证账务处理程序下,无须设置(   )。

    A. 收款、付款、转账凭证或通用记账凭证

    B. 科目汇总表或汇总记账凭证

    C. 现金和银行存款日记账

    D. 总分类账和若干明细分类账

86. 下列各项中,能够计入产品成本的职工薪酬是(   )。

    A. 专设销售机构人员的工资   B. 在建工程人员的工资

    C. 车间管理人员的工资   D. 企业管理部门人员的工资

87. 在一个会计期间发生的一切经济业务,都要依次经过的核算环节是(   )。

    A. 填制审核凭证、复式记账、编制会计报表

B. 填制审核凭证、登记账簿、编制会计报表

C. 设置会计科目、成本计算、复式记账

D. 复式记账、财产清查、编制会计报表

88. 结账时,要根据(   )的要求,调整有关账项,合理确定本期应计的收入和应计的费用。

A. 现金收付制　　　　　　　　　　B. 现收现付制

C. 收付实现制　　　　　　　　　　D. 权责发生制

89. 下列项目中,排在利润表最后的是(   )。

A. 净利润　　　　　　　　　　　　B. 营业利润

C. 利润总额　　　　　　　　　　　D. 所得税费用

90. 现金和银行存款之间的相互划转业务一般只填写(   )。

A. 收款凭证　　　　　　　　　　　B. 付款凭证

C. 转账凭证　　　　　　　　　　　D. 会计凭证

二、多项选择题(下列各题有两个或两个以上正确答案,每题 **1.5** 分,共 **10** 题。不选、少选、多选或错选均不得分)

1. 在各种账务处理程序下,明细分类账可以根据(   )登记。

A. 原始凭证　　　　　　　　　　　B. 记账凭证

C. 原始凭证汇总表　　　　　　　　D. 记账凭证汇总表

2. A 公司原由甲、乙、丙三人投资,三人各投入 100 万元。两年后丁想加入,经协商,甲、乙、丙、丁四人各拥有 100 万元的资本,但丁必须投入 120 万元的银行存款方可拥有 100 万元的资本。若丁以 120 万元投入 A 公司,并已办妥增资手续。则下列表述中,正确的有(   )。

A. 该笔业务应贷记"银行存款"科目 120 万元

B. 该笔业务应贷记"资本公积"科目 20 万元

C. 该笔业务应借记"银行存款"科目 120 万元

D. 该笔业务应贷记"实收资本"科目 100 万元

3. 下列项目中,属于会计基本假设的有(   )。

A. 会计主体　　　　　　　　　　　B. 货币计量

C. 会计分期　　　　　　　　　　　D. 持续经营

4. 下列税金中,应列作管理费用核算的有(   )。

A. 增值税　　　　　　　　　　　　B. 城镇土地使用税

C. 印花税　　　　　　　　　　　　D. 房产税

5. 下列说法中,正确的有(   )。

A. 应收账款明细账应采用订本式账簿

B. 对账的内容包括账证核对、账账核对、账实核对

C. 多栏式明细账一般适用于成本费用、收入和利润类的明细账

D. 短期借款明细账应采用三栏式账页格式

6. 下列各项中,属于费用要素的有(   )。

A. 材料采购

B. 销售费用

C. 预付账款

D. 管理费用

7. 会计监督职能是指会计人员在进行会计核算的同时,对经济活动的(   )进行审查。

A. 合法性

B. 盈利性

C. 时效性

D. 合理性

8. 下列关于费用的表述中,正确的有(   )。

A. 费用是企业在日常活动中发生的

B. 费用可能表现为资产的减少或者负债的增加

C. 费用可能同时表现为资产的减少和负债的增加

D. 费用会导致所有者权益的减少

9. 在借贷记账法下,经济业务无论怎样复杂,均可以概括为(   )。

A. 权益内部有增有减,总额不变

B. 资产与权益同时增加,总额增加

C. 资产内部有增有减,总额不变

D. 资产与权益同时减少,总额不变

10. 下列情况中,企业应当对财产进行不定期清查的有(   )。

A. 发现财产被盗

B. 与其他企业合并

C. 财产保管人员变动

D. 自然灾害造成部分财产损失

三、判断题(每题 1 分,共 20 题,正确的打"√",错误的打"×"。不答不得分)

1. 凡是特定主体以货币形式表示的经济活动,都是会计核算和监督的内容,也就是会计的对象。   (   )

2. 购入交易性金融资产时支付的交易费用应该计入交易性金融资产的成本中。(   )

3. 成本是指企业为生产产品、提供劳务而发生的各种耗费,是按一定的产品或劳务对象所归集的费用,是对象化了的费用。   (   )

4. "主营业务成本"账户的借方登记从"库存商品"等账户结转的本期已销售产品的生产成本,以及企业在产品销售过程中发生的各种销售费用。   (   )

5. 企业年终结账时,有余额的账户,应将其余额直接记入次年新账余额栏内,不需要编制记账凭证。   (   )

6. 企业计算应向投资者分配的现金股利,不会引起留存收益总额的变动。   (   )

7. "税金及附加"属于损益类账户,用来核算企业销售过程中,应缴纳的各种税金及附加,包括消费税、增值税、教育费附加等。   (   )

8. 企业已完成销售手续但购买方在月末尚未提取的商品,仍应作为企业的库存商品核算。   (   )

9. 企业只能使用国家统一的会计制度规定的会计科目,不得自行增减或合并。　(　　)

10. 用补充登记法进行错账更正时,应按正确金额与错误金额之差,用蓝字编制一张借贷方向、账户名称及对应关系与原错误凭证相同的记账凭证,并用蓝字登记入账,以补记少记的金额。　(　　)

11. 对未达账项应编制银行存款余额调节表进行调整,并据以编制记账凭证登记入账。　(　　)

12. 企业从外单位取得的原始凭证遗失且无法取得证明的,可由当事人写明详细情况,由会计机构负责人、会计主管人员和单位负责人批准后代作原始凭证。　(　　)

13. 目前我国主要采用的是复式记账法,但对于个别企业、组织也可以采用单式记账法进行会计核算。　(　　)

14. 预收账款不多的企业,可不设置"预收账款"账户,将预收的货款直接记入"应付账款"科目的贷方。　(　　)

15. 凡是现金或银行存款增加的经济业务必须填制收款凭证。　(　　)

16. 企业必须对外提供资产负债表、利润表和现金流量表,但会计报表附注不属于企业对外提供的资料。　(　　)

17. 记账凭证可以根据每一张原始凭证填制,或者根据若干张原始凭证汇总填制,也可以根据原始凭证汇总表填制。　(　　)

18. 企业采用永续盘存制对存货进行核算时,在期末必须对存货进行实地盘点,否则无法确定本期发出存货的成本。　(　　)

19. 会计分期是指将一个会计主体持续经营的生产经营活动划分为一个个连续的、长短相同的期间,以便与公历年度保持一致。　(　　)

20. 由企业拥有或控制是指企业享有某项资源的所有权,没有所有权就谈不上控制权。　(　　)

四、计算分析题(每小题 1 分,共 4 道大题。答错、不答均不得分)

〈题目一〉

甲企业为增值税一般纳税人,增值税税率 13%,2024 年发生固定资产业务如下:

(1)1 月 20 日,企业管理部门购入一台不需要安装的 A 设备,取得的增值税专用发票上注明的设备价款为 550 万元,增值税税额为 71.5 万元,另发生运输费 10 万元,款项均以银行存款支付。

(2)A 设备经过调试后,于 1 月 22 日投入使用,预计使用 10 年,净残值为 20 万元,采用平均年限法计提折旧。

(3)7 月 15 日,企业生产车间购入一台需要安装的 B 设备,取得的增值税专用发票上注明的设备价款为 600 万元,增值税税额为 78 万元,款项均以银行存款支付。

(4)8 月 19 日,将 B 设备投入安装,以银行存款支付安装费 3 万元,B 设备于 8 月 25 日达到预定可使用状态,并投入使用。

（5）B 设备采用工作量法计提折旧，预计净残值为 3 万元，预计总工时 5 万小时。9 月，B 设备实际使用工时 720 小时。

假设不考虑其他因素（答案中的金额均用万元表示）。

要求：根据上述资料，回答下列问题。

（1）编制甲企业 2024 年 1 月 20 日购买 A 设备的会计分录。

（2）编制甲企业 2024 年 2 月计提 A 设备折旧额的会计分录。

（3）编制甲企业 2024 年 7 月 15 日购入 B 设备的会计分录。

（4）编制甲企业 2024 年 8 月安装 B 设备及其投入使用的会计分录。

（5）编制甲企业 2024 年 9 月计提 B 设备折旧额的会计分录。

〈题目二〉

2024 年 5 月，甲公司某生产车间生产完成 A 产品 200 件和 B 产品 300 件，月末完工产品全部入库，有关生产资料如下：

（1）领用原材料 6 000 吨，其中 A 产品耗用 4 000 吨，B 产品耗用 2 000 吨，该材料单价为每吨 150 元。

（2）生产 A 产品发生直接生产人员工时 5 000 小时，B 产品为 3 000 小时，每工时的标准工资为 20 元。

（3）生产车间发生管理人员工资、折旧费、水电费等 100 000 元,该车间本月仅生产了 A 和 B 两种产品,甲公司采用生产工人工时比例法对制造费用进行分配。假定月初、月末不存在任何在产品。

要求:根据上述资料,回答下列问题。

（1）计算 A 产品应分配的制造费用。

（2）计算 B 产品应分配的制造费用。

（3）计算 A 产品当月生产成本。

（4）计算 B 产品当月生产成本。

（5）编制产品完工入库的会计分录。

〈题目三〉

某公司 2024 年 8 月 30 日科目余额表如表 1 所示。

表 1 　　　　　　　　　科目余额表 　　　　　　　　单位:元

资　　产	借或贷	余　　额	负债及所有者权益	借或贷	余　　额
库存现金	借	4 800	短期借款	贷	160 000
银行存款	借	218 000	应付账款	贷	52 000

(续表)

资　产	借或贷	余　额	负债及所有者权益	借或贷	余　额
其他货币资金	借	69 000	——丙企业	贷	75 000
应收账款	借	80 000	——丁企业	借	23 000
——甲公司	借	120 000	预收账款	贷	5 500
——乙公司	贷	40 000	——C公司	贷	5 500
坏账准备	贷	1 000	应交税费	贷	14 500
预付账款	借	12 000	长期借款	贷	200 000
——A公司	贷	3 000	应付债券	贷	230 000
——B公司	借	15 000	其中一年内到期的应付债券	贷	30 000
原材料	借	46 700	长期应付款	贷	100 000
生产成本	借	95 000	实收资本	贷	1 500 000
库存商品	借	60 000	资本公积	贷	110 000
存货跌价准备	贷	2 100	盈余公积	贷	48 100
固定资产	借	1 480 000	利润分配	贷	1 900
累计折旧	贷	6 500	——未分配利润	贷	1 900
无形资产	借	402 800	本年利润	贷	36 700
资产合计		2 458 700	负债及所有者权益合计		2 458 700

要求:根据上述资料,计算该公司 2024 年 9 月末资产负债表中相关项目的金额。

(1) 预付账款(　　)元。

(2) 存货(　　)元。

(3) 应付账款(　　)元。

(4) 流动负债合计(　　)元。

(5) 所有者权益合计(　　)元。

〈题目四〉

苏达公司 2024 年 3 月 31 日银行存款日记账余额为 98 500 元,3 月底公司与银行往来的其余资料如下:

(1) 3 月 31 日公司收到购货方转账支票一张,金额为 12 600 元,已经送存银行,但银行尚未入账。

(2) 公司当月水电费 800 元银行已代为支付,但公司未接到通知而尚未入账。

(3) 公司当月开出的用于支付供货方货款的转账支票,尚有 4 500 元未兑现。

(4) 公司送存银行的某客户转账支票 35 000 元,因对方存款不足而被退票,而公司未接到通知。

（5）公司委托银行代收的款项 22 000 元,银行已转入本公司存款户,但本公司尚未收到通知入账。

要求:根据上述资料,完成苏达公司的银行存款余额调节表(表 2)。

表 2   银行存款余额调节表

编制单位:苏达公司   2024 年 3 月 31 日   单位:元

项　目	金　额	项　目	金　额
企业银行存款日记账余额	98 500	银行对账单余额	76 600
加:银行已收、企业未收的款项合计	（　）	加:企业已收、银行未收的款项合计	（　）
减:银行已付、企业未付的款项合计	800	减:企业已付、银行未付的款项合计	（　）
调节后的余额	（　）	调节后的余额	（　）